中等职业教育汽车类专业系列教材

BONNET HEEDLIGHT

TYRE
BRAKE
CRANK
PISTON
ENGINE
CHASSIS
BUMPER
SUNROOF
STEERING
SEATBELT
WINDSCREEN

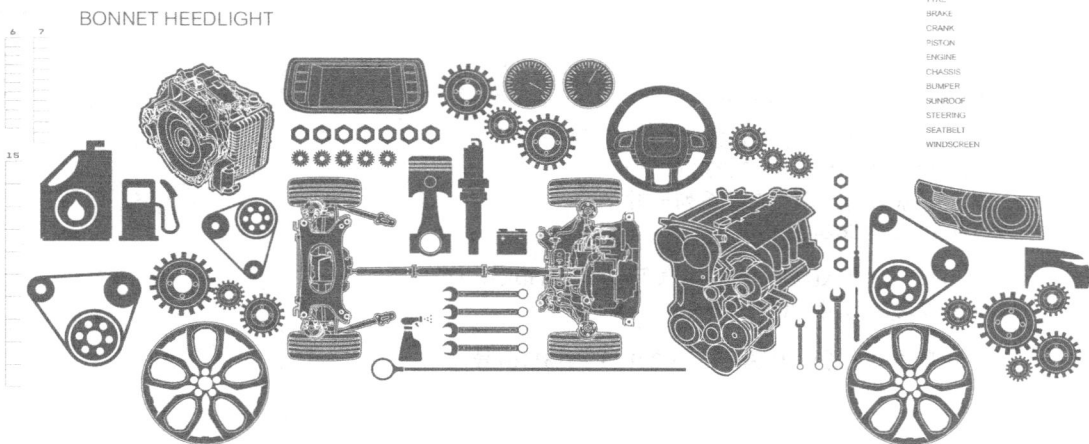

汽车营销基础与实务

主　编　张钰羽

副主编　黄　莹　葛秀峰　宋雨彤

参　编　秦　婉　李佳兰　曾静波　李玉晨　彭媛媛
　　　　谭　晟　赵茂林　苏　畅　吴　幽　王秋实
　　　　陈　瑞　谭义宝　幸禹平　茋群鹏

主　审　曾林育

AUTO
MOBILE

重庆大学出版社

图书在版编目（CIP）数据

汽车营销基础与实务／张钰羽主编. --重庆：重
庆大学出版社，2017.8（2023.1重印）
中等职业教育汽车类专业系列教材
ISBN 978-7-5624- 9876-6

Ⅰ.①汽… Ⅱ.①张… Ⅲ.①汽车—市场营销学—中
等专业学校—教材 Ⅳ.①F766

中国版本图书馆CIP数据核字（2017）第131167号

中等职业教育汽车类专业系列教材
汽车营销基础与实务
QICHE YINGXIAO JICHU YU SHIWU
主 编 张钰羽
副主编 黄 莹 葛秀峰 宋雨彤
策划编辑：章 可
责任编辑：文 鹏 刘 刚 版式设计：章 可
责任校对：刘志刚 责任印制：赵 晟
*

重庆大学出版社出版发行
出版人：饶帮华
社址：重庆市沙坪坝区大学城西路21号
邮编：401331
电话：（023）88617190 88617185（中小学）
传真：（023）88617186 88617166
网址：http://www.cqup.com.cn
邮箱：fxk@cqup.com.cn（营销中心）
全国新华书店经销
POD：重庆新生代彩印技术有限公司
*

开本：787mm×1092mm 1/16 印张：10.5 字数：246千
2017年8月第1版 2023年1月第3次印刷
ISBN 978-7-5624-9876-6 定价：28.00元

编写组

重庆市立信职业教育中心	重庆市工贸高级技工学校
重庆市巴南职业教育中心	重庆工业管理职业学校
重庆市九龙坡职业教育中心	重庆市丰都县职业教育中心
重庆工商学校	重庆市涪陵信息技术学校
重庆市渝北职业教育中心	重庆市忠县职业教育中心
重庆市黔江区民族职业教育中心	重庆市三峡水利电力学校
重庆市经贸中等专业学校	重庆市铜梁职业教育中心
重庆荣昌职教中心	重庆市梁平职业教育中心
重庆市大足职业教育中心	重庆市奉节职业教育中心
重庆市江南职业学校	重庆市农业机械化学校
重庆市永川职业教育中心	彭水苗族土家族自治县职业教育中心
重庆市綦江职业教育中心	重庆别克公司
重庆市垫江县第一职业中学校	重庆西南富豪汽车销售服务有限公司
重庆工业高级技工学校	重庆天泽汽车服务连锁有限公司
重庆市科能高级技工学校	中国汽车工程学会汽车应用与服务分会
重庆市育才职业教育中心	重庆所罗门汽车科技公司
重庆平湖技师学院	重庆国利汽保公司
秀山土家族自治县职业教育中心	

序言

近年来,作为国家经济建设支柱、在国民经济中占有举足轻重地位的汽车工业在我国得到高速发展,汽车维修与检测设备现代化、检测资讯网络化、管理电脑化等变革性趋势,改变了我国传统的汽车维修观念和作业模式。同时,教育部组织制定了《中等职业学校专业教学标准(试行)》,这对于探索职业教育的规律和特点,创新职业教育教学模式,规范课程、教材体系,推进课程改革和教材建设,具有重要的指导作用和深远的意义。所以,中职学校汽车类专业的教学内容也发生了很大的变化。

基于以上情况,重庆大学出版社组织全市中职学校汽车类专业的一线骨干教师,在高校专家的指导下,在相关企业专家的帮助下,共同编写了《中等职业教育汽车类专业系列教材》。本套教材在《国家中长期教育改革和发展规划纲要(2010—2020)》指导下,以《中等职业教育汽车运用与维修专业课程标准》为依据,遵循"拓宽基础、突出实用、注重发展"的编写原则进行编写,使教材具有如下特点:

(1)理论与实践相结合。每本书都采用"项目—任务"的形式编写,通过"任务描述""任务目标""相关知识""任务实施""任务评价""任务检测"等版块,明确学习目的,丰富教学的传达途径,突出了理论知识够用为度,注重学生技能培养的中职教学理念。

(2)充分体现以学生为本。针对目前中职学生学习的实际情况,注意语言表达的通俗性,版面设计的可读性,以任务方式组织教材内容，突出学生对知识和技能学习的主体性。

（3）与行业需求相一致。教学内容的安排、教学案例的选取与行业应用相吻合，使所学知识和技能与行业需要紧密结合。

（4）跟上行业发展。本套教材注意反映汽车行业的新技术、新水平、新趋势，特别是通过实时更新数字资源内容，使教学与行业发展不脱节。

（5）将素质教育融入其中。在教材中，结合教学案例有机地对学生进行素质教育，包括爱国、爱家、遵纪守法、职业素养、职场安全等内容。

（6）强调教学的互动性。通过"友情提示""试一试""想一想""练一练"等栏目，建立教学互动平台，把教与学有机结合起来，增加学生的学习兴趣，培养学生的自学能力和创新意识。

（7）重视教材的立体资源配套。本套教材建有数字化教学平台，内容涵盖每门课程的课程目标、电子教案、教学PPT、教学资源（视频、动画、文字、图片）、测试题库、考核方案等，为教学提供支撑。特别通过二维码技术，将资源与纸质教材有机结合起来。

（8）装帧设计新颖。采用双色和彩色印刷，色彩搭配清新、明丽，版式设计具有现代感，符合中职学生的审美趣味。

总之，这套教材实用性和操作性较强，能满足中等职业学校汽车类专业人才培养目标的要求，能满足学生对汽车类专业技术学习的不同需要。希望这套教材能受到广大师生们的喜欢，为中职学校汽车类专业的发展作出贡献。

编写组

2016年5月

前言

　　中等职业学校汽车类专业承担着为国家培养汽车行业技能型人才的责任，然而市面上缺乏针对中职学业学习汽车营销知识的专业教材，现有的教材要么理论知识过多，要么难度较大，并不适合中职的实际教学要求，因而编者结合多年教学经验编写了本书。

　　本书紧紧围绕企业需求，以就业为向导，以技能训练为中心，以"先学后教，互助展评"为编写原则，旨在探索课堂与实训的一体化，以学生为主体，以老师为指导的教学模式。本书较系统地介绍了汽车市场营销学的经典知识，逐步深入介绍了新型营销技术，并对汽车销售流程进行了阐述，主要内容有：汽车营销礼仪、汽车销售流程、汽车营销软件介绍、客户投诉等。本书的教学目的在于力求把传授知识和培养学生将汽车营销和汽车售后服务接待知识紧密地结合起来，帮助学生理解专业知识与培养职业意识。

　　本书的主要特点有：

　　（1）介绍一线销售顾问的工作职责，符合教学要求，符合企业实际。

　　（2）注重营销实务中的技巧，阐述了专业化营销流程以及销售技巧。

　　（3）附有复习题和实训项目，便于学生课后复习和掌握技能。

　　本课程的教学课时参考数为60，以下学时分配仅供参考。

序号	项目内容	任务		课时
项目一	走进汽车营销	任务一	什么是汽车营销	1
		任务二	汽车销售顾问和传统销售人员的区别	1
		任务三	汽车销售顾问的工作任务	2
项目二	汽车营销服务礼仪	任务一	汽车营销接待礼仪	2
		任务二	汽车营销电话礼仪	2
项目三	汽车销售流程	任务一	接待前的流程	4
		任务二	接待中的流程	4
		任务三	接待后的流程	4

序号	项目内容	任务	课时
项目四	"六方位"绕车介绍	任务一　车前方介绍话术	4
		任务二　驾驶室介绍话术	4
		任务三　车后座介绍话术	4
		任务四　车后方介绍话术	4
		任务五　车侧方介绍话术	4
		任务六　发动机舱介绍话术	4
项目五	汽车营销软件	任务一　认识汽车营销软件	1
		任务二　使用汽车营销软件	3
项目六	客户投诉处理	任务一　客户异议的类型及原因	1
		任务二　客户异议的处理流程与处理技巧	3
项目七	汽车法律法规	任务一　合同法	1
		任务二　消费者权益保护法	1
		任务三　汽车保险法	2
项目八	汽车电子商务	任务一　体验汽车电子商务	1
		任务二　熟悉汽车电子商务流程	2
		任务三　汽车网络营销	1
总　　计			60

本书由重庆市立信职业教育中心张钰羽担任主编并编写大纲和项目三，重庆市立信职业教育中心宋雨彤编写项目一，重庆市立信职业教育中心秦婉编写项目二，重庆市立信职业教育中心黄莹担任副主编并编写项目四，九龙坡职业教育中心彭媛媛编写项目五，重庆市永川职业教育中心曾静波编写项目六，重庆市立信职业教育中心李佳兰编写项目七，重庆市立信职业教育中心葛秀峰编写项目八，参与编写的还有赵茂林、谭晟、沈光毅、苏畅、曹燕、谭一宝、幸禹平等。重庆市立信职业教育中心曾林育担任主审。本书在编写过程中得到了重庆市立信职业技术教育中心、重庆大学、永川职教中心、九龙坡职业教育中心的大力支持，也得到了行业内相关专家、学者的无私帮助，同时也参考了许多相关著作、论文以及网站材料，在此一并表示衷心的感谢。

　　由于编者水平有限，从事汽车销售接待的体会也不深，加之时间仓促，书中难免存在不足之处，恳请广大读者批评指正。

编　者

2017年5月

目
录

项目一　走进汽车营销

随着改革开放的深入发展，我国的汽车工业早已经由"计划经济"时代过渡到了"市场经济"时代，由"卖方市场"转变为"买方市场"，汽车企业的竞争已经不是单纯的国内竞争，而是变成了激烈的国际竞争。市场竞争离不开市场营销，所以汽车市场营销是各个汽车企业重要的工作内容之一。如何在较短的期限内培养出大批具有现代营销理念，善于捕捉市场机遇，并能够灵活掌握市场营销技能、技巧的汽车营销人才，已经成为各大车企和汽车经销商的当务之急。

任务一　什么是汽车营销

任务描述

　　本任务主要讲解汽车营销的概念，通过学习本任务可以了解汽车营销的含义和作用、汽车营销的要素以及汽车销售顾问的工作内容，从而更加准确地认识汽车营销行业，知道作为一名汽车销售顾问的基本职责。

　　关键点：汽车营销的概念、汽车服务顾问的职责。

任务目标

完成本任务的学习后，你应能：

★ 描述汽车营销的概念和意义；

★ 描述汽车营销的要素；

★ 描述汽车销售顾问的概念和工作内容。

建议课时：1课时。

任务实施

一、汽车营销概述

　　随着经济发展和企业经营管理需要而出现的市场营销，是20世纪发展最快的管理学科之一。市场营销一直受到国内外企业界的极大关注，企业营销活动也日益广泛、形式多样，而学术界也在不断地传播先进的市场营销理论和成功的经验，不断总结和完善适合我国国情的市场营销经验和规律。汽车营销理念的核心问题是以什么为中心来开展汽车企业的生产经营活动。所以，汽车营销理念的恰当与否，对汽车企业的兴衰有决定性的作用。

销售顾问

图1-1　汽车营销人员

　　汽车销售是经销商向客户提供制造企业生产的品牌轿车，通过对消费者的需求和心理的把握，为客户介绍所匹配的车型及其性能、结构、性价比等优势，向客户提供汽车试乘试驾、汽车信贷、汽车上牌及保险等服务，最终实现在汽车产品交换中创造价值的过程。图1-1所示为汽车营销人员。

二、汽车营销的要素

顾客是中心：没有顾客，公司毫无存在的意义，公司的一切努力在于满足、维持及吸引顾客。

竞争是基础：公司必须不断地分析竞争对手，把握竞争信息，建立优势，以最良好的产品或服务来满足顾客的需求。

协调是手段：市场营销的功能主要在于确认消费者的需要，将与消费者有关的市场信息有效地与公司其他部门相沟通，并通过与其他部门的有机协作，努力达到满足及服务于消费者的目的。

利润是结果：公司操作的目的是极大地满足顾客，而利润是在极大地满足顾客后所产生的结果。

三、什么是汽车销售顾问

汽车销售顾问（图1-2）是指为客户提供顾问式的专业汽车消费咨询和导购服务的汽车销售服务人员。其工作范围是从事汽车销售工作，立足点是以客户的需求和利益为出发点，向客户提供符合客户需求和利益的产品销售服务。工作的最终目标是在销售经理的领导下，负责公司产品的销售工作，努力完成销售任务。

汽车销售顾问的具体工作包括客户开发、客户跟踪、销售导购、销售洽谈、销售成交等基本过程，还可能涉及汽车保险、上牌、装潢、交车、理赔、年检等业务的介绍和成交或代办。在汽车4S店内，其工作范围一般主要定位于销售领域，其他业务领域可与相应的业务部门进行衔接。

图1-2　汽车销售顾问

汽车销售顾问的工作细责：

①通过遵循展厅八步骤流程，建立顾客忠诚度和提升经销商品牌形象。

②1 min内接待来店顾客，提供及时专业的服务。

③通过倾听顾客需求、提问找出需求，处理顾客抱怨和销售额外的服务，以提供优秀的顾客服务。

④对每一位来店顾客及时准确地完成建卡记录。

⑤在接待新增客户后24 h内对顾客进行第二次的进度回访与级别判断。

⑥及时、礼貌地回复来电，努力满足来电者的询问。

⑦在每次与顾客的交往中，达到或超越顾客对销售期望的标准。

⑧用积极和值得回忆的方式向顾客交车。

⑨在交车后24 h内对顾客进行回访。

⑩有效地使用互联网、黄页进行潜在客户开发和销售车辆。

⑪通过电话、信函、电子邮件和面对面的方式有效开发潜在客户。

⑫向潜在客户通知即将到来的特殊活动和促销活动等。

⑬找出重复购买的顾客并加以区别对待。

⑭联络以前的老顾客，并提醒他们保险结束的日期及何时该回厂保养。

⑮每月1日必须准确地完成收入和销售目标工作表。

⑯达到或超越月度销售目标。

⑰正确及时地完成每日、每周、每月的书面工作和主管分配的工作。

⑱计算并追踪销售量、销售进度和潜在客户开发目标。

⑲销售汽车装饰产品和金融保险产品。

⑳可以通过以下方式完成销售目标：解释车辆的性能和价格，与竞争车型比较；确定顾客的需求；安排每个客户进行试驾；化解客户疑惑；克服自己的障碍。

> **想一想**
>
> 汽车销售顾问和汽车售后服务顾问的工作内容有什么区别？

任务拓展

汽车售后服务顾问的工作内容：

①服从企业总经理和执行经理的领导，严格执行企业的各项规章制度，并对自己所负责的工作承担相应责任。

②负责受理客户提出的预约维修请求或向客户提出预约维修建议，经客户同意后，办理预约手续。

③负责接待咨询业务的客户或前来企业送修车辆的客户，认真询问客户的来意与要求。

④负责配合技术人员对送修车辆进行技术诊断，确定维修内容和大致期限。

⑤负责维修报价，决定客户的进厂维修时间和预约维修费用。

⑥负责与客户及车间维修人员办理维修车辆的交车手续。

⑦负责维修业务的日常进度监督。

⑧负责对维修增项意见的征询与处理。

⑨负责将竣工车辆从维修车间接出，检查车辆外观技术状况及有关随车物品，通知客户提车，准备客户接车资料。

⑩负责接待前来企业提车的客户，引导客户视检竣工车辆，向客户汇报维修情况，办理结算手续，恭送客户。

⑪负责客户的咨询解答、电话回访与投诉处理。

⑫负责企业的业务统计和业务档案管理。

任务检测

一、填空题

　　1.汽车营销理念的核心问题是_____。

　　2.汽车营销的要素：_____是中心，_____是基础，_____是手段，_____是结果。

二、选择题

　　1. 汽车营销理念的恰当与否对汽车企业的兴衰有（　　）作用。

　　　　A.关键性　　　　　B. 决定性　　　　C.指导性　　　　D.客观性

　　2. 对于汽车销售顾问，以下说法错误的是（　　）。

　　　　A. 需要了解基本的汽车知识和常见的汽车故障

　　　　B. 对于专业维修技能的要求不是很高

　　　　C. 要了解客户需求，及时洞察客户心理

　　　　D. 无须在4S店实习，任何人都可以直接上岗

三、简答题

　　1.汽车营销的意义是什么？

　　2.为什么说顾客是营销的中心要素？

　　3.汽车销售顾问需要具备哪些素质？

评价与反思

评价表

序号	考核项目	考核内容	配分	评分标准	得分
1	汽车营销概述	汽车营销的概念和作用	15	能用自己的语言表达汽车营销的作用	
			15	能表述汽车营销的概念	
2	汽车营销的要素	汽车营销4大要素的内容	10	能表述汽车营销的中心	
			10	能表述汽车营销的基础	
			10	能表述汽车营销的手段	
			10	能表述汽车营销的结果	
3	汽车销售顾问	汽车销售顾问的定义和职责	15	能阐述汽车销售顾问的定义	
			15	能表述汽车销售顾问的职责	

反思	1. 汽车营销的具体流程有哪些？ 2. 如何成为一名优秀的汽车销售顾问？

任务二　汽车销售顾问和传统销售人员的区别

任务描述

　　现在市场上的销售顾问最常用的销售模式就是顾问式销售，它与传统销售模式有非常大的区别。本任务将讲解什么是顾问式销售及其优点，从而了解汽车销售顾问和传统销售人员的区别。

　　关键点：汽车销售顾问的重要性、顾问式销售与传统式销售的区别。

任务目标

完成本任务的学习后，你应能：

★ 描述顾问式销售的概念；

★ 描述顾问式销售的步骤；

★ 分析顾问式销售与传统销售的区别；

★ 描述顾问式销售的意义。

建议课时：1课时。

任务实施

一、汽车顾问式销售概述

　　顾问式销售是一种全新的销售概念与销售模式，它起源于20世纪90年代，具有丰富的内涵以及清晰的实践性。它是指销售人员以专业销售技巧进行产品介绍的同时，运用分析能力、综合能力、实践能力、创造能力、说服能力完成客户的要求，并预见客户的未来需求，提出积极建议的销售方法。

　　由于顾客的购买行为可分为产生需求、收集信息、评估选择、购买决定和购后反应5个环节。因此，顾问式销售可以针对顾客的购买行为分挖掘潜在客户、拜访客户、筛选客户、掌握客户需求、提供解决方案、成交、销售管理等几个步骤来进行。汽车顾问式销售的示意图如图1-3所示。

　　由于汽车消费市场的不断发展，对汽车销售人员的营销水平和素质要求也在不断提高，而顾问式汽车销售模式已经成为汽车销售行业的普遍模式，集专业汽车知识和全新营销理念的销售顾问已成为汽车销售商的首选人才。

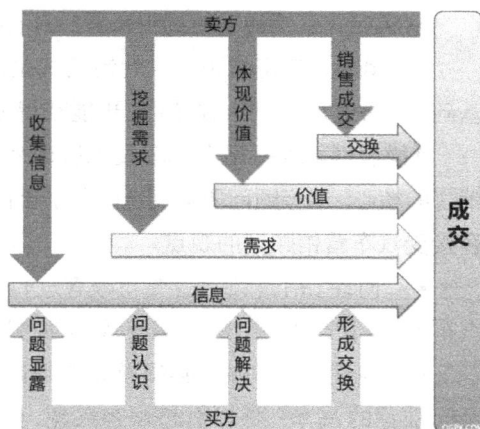

图1-3　汽车顾问式销售的示意图

二、汽车顾问式销售与传统销售模式的区别

　　传统销售模式认为，顾客是上帝，好商品就是性能好、价格低，服务是为了更好地卖出产品；销售是目的，一切从销售的角度出发，一味强调产品，而不是从消费者的实用性出发。其关注的是销售人员的卖，而不是顾客的买。

　　而顾问式销售认为，顾客是朋友，是与销售者存在共同利益的群体，好商品是顾客真正需要的产品，服务本身就是商品，服务是为了与顾客达成沟通。顾问式销售虽然也以销售为目的，但更多注重的是消费者的需求，从消费者的角度出发，提供完整适合的解决性方案和产品。可以看出，顾问式销售将销售者定位在客户的朋友、销售者和顾问三个角度上。因此，如何扮演好这三种角色，是实现顾问式销售的关键所在。

　　这两种销售模式的销售出发点是不一样的，一个是销售的产品；另一个是消费者的购买需求。两种销售模式的流程如图1-4所示。

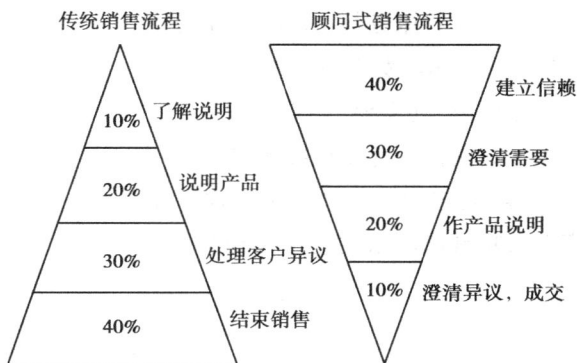

图1-4　传统销售与顾问式销售流程对比

三、汽车顾问式销售的意义

　　作为现代营销观念的典型代表，顾问式销售有着现代营销观念的很多特征。现代营销强调买方需求，即通过产品与创意，传递产品和与产品有关的所有事情，来满足顾客需要。而顾问式销售的出发点也在于顾客的需求，其终结点在于对顾客信息的研究、反馈和处理。在销售过程中，经销商在厂商和用户中起到桥梁作用，实现信息流的有效传递，一方面将厂商信息有效地传递给用户；另一方面，经销商作为产品流通中最接近消费者的一个环节，最了解用户需求，应该实现对用户需求的有效收集和反馈，及时地反馈给厂商。

从顾问式营销活动的过程来看，具有4个突出特点：

• 权威性。新型的顾问式营销模式是以销售顾问所拥有的丰富汽车知识和投资理念为基础，因而建议更具有权威性，更能获得顾客的信赖。

• 说服性。通过提供汽车技术咨询来说服顾客是顾问式销售的重要手段，也是顾问式销售的核心。销售顾问要运用自己所掌握的汽车技术知识，运用营销技巧劝说顾客，促使顾客接受汽车营销顾问的观点。

• 双向性。销售顾问需要与顾客进行信息沟通和情感交流，同时还要向顾客提供诸如汽车咨询、代理赔付、购买保险等其他售后服务，建立的是双向长期关系。

• 互利性。销售顾问必须首先取得顾客的信任，引起顾客的兴趣，顾客才会接受销售顾问推荐的汽车。要想引起顾客兴趣，必须让顾客感知到销售顾问建议的汽车是适合自己的。

任务拓展

汽车销售顾问必备素质：

（1）要做好汽车销售，至少要做到"六懂"，即：

    一懂汽车 掌握构造、性能、性价比分析工具

    二懂市场 掌握行业背景市场大局与市场动态

    三懂营销 掌握和恰当地运用市场营销的精髓

    四懂销售 掌握销售流程销售话术与销售技巧

    五懂服务 掌握销售过程服务与售后服务方法

    六懂客户 掌握客户心态消费心理与决策方式

（2）要把汽车销售做优秀，还需要"三有"，即：

    一有计划 遵循销售规律有计划地扎实推进工作

    二有技巧 遵循客户心理有针对性地采取攻心战术

    三有恒心 遵循成功规律不断改进和提升工作

任务检测

一、填空题

1.顾客的购买行为可分为_____、_____、_____、_____和_____5个环节。

2.传统销售模式和顾问式销售模式的出发点是不一样的，一个是_____；另一个是_____。

二、选择题

1.传统销售流程中，了解说明占总流程的（   ）。

    A.10%   B.20%   C.30%   D.40%

2. 顾问式销售流程中，建立信赖占总流程的（　　）。

　　A.10%　　　　B.20%　　　　C.30%　　　　D.40%

三、简答题

1. 什么是顾问式销售？

2. 顾问式销售针对顾客的购买行为分为哪几个步骤？

3. 传统销售和顾问式销售的区别是什么？

评价与反思

评价表

序号	考核项目	考核内容	配分	评分标准	得分
1	汽车顾问式销售概述	汽车顾问式销售的过程和步骤	15	能说出汽车顾问式销售的过程	
			15	能说出汽车顾问式销售的步骤	
2	汽车顾问式销售和传统销售的区别	汽车顾问式销售的特点；顾问式销售和传统销售的区别	20	能说出汽车顾问式销售的特点	
			20	能区分汽车顾问式销售和传统销售	
3	汽车顾问式销售的意义	汽车顾问式销售的意义 汽车销售顾问的重要性	15	能阐述汽车顾问式销售的意义	
			15	能说出汽车销售顾问的重要性	

反思

1. 汽车顾问式销售的详细流程是什么？

2. 汽车销售顾问应该从哪些方面提升自己？

任务三　汽车销售顾问的工作任务

任务描述

本任务主要讲解汽车销售顾问的日常工作任务，包括客户进店前的销售准备工作、客户进店后的销售过程、成交后的签约过程、销售过程中可能遇到的问题及其典型案例分析和注意事项。通过本任务的学习，可以清楚了解作为汽车销售顾问的职责和工作任务，从而能够独立处理在签约及销售过程中可能遇到的问题。

关键点：汽车销售顾问的日常工作任务、客户进店后的销售过程。

任务目标

完成本任务的学习后，你应能：

★ 完成客户进店前的销售准备工作。

★ 描述客户来店的接待流程。

★ 描述客户电话接待流程。

★ 进行客户需求分析。

★ 描述车辆展示说明程序。

★ 解决签约时的突发情况。

建议课时：2课时。

任务实施

一、销售准备工作

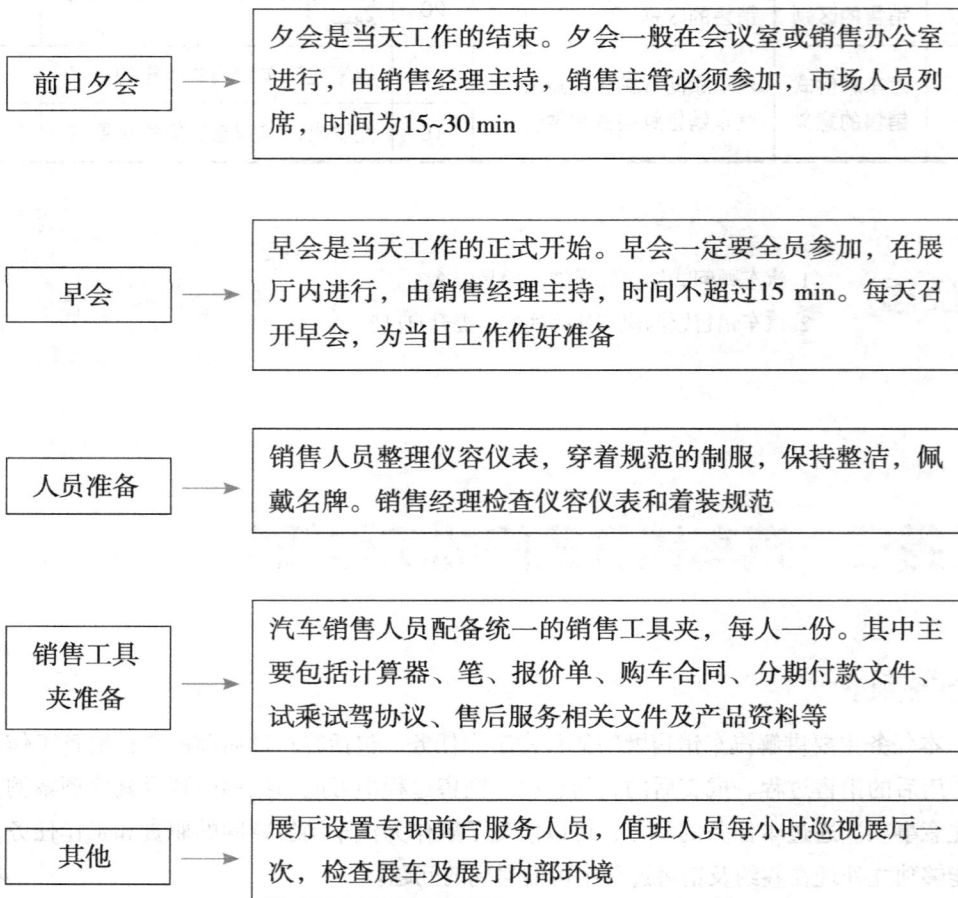

| 前日夕会 | → | 夕会是当天工作的结束。夕会一般在会议室或销售办公室进行，由销售经理主持，销售主管必须参加，市场人员列席，时间为15~30 min |

| 早会 | → | 早会是当天工作的正式开始。早会一定要全员参加，在展厅内进行，由销售经理主持，时间不超过15 min。每天召开早会，为当日工作作好准备 |

| 人员准备 | → | 销售人员整理仪容仪表，穿着规范的制服，保持整洁，佩戴名牌。销售经理检查仪容仪表和着装规范 |

| 销售工具夹准备 | → | 汽车销售人员配备统一的销售工具夹，每人一份。其中主要包括计算器、笔、报价单、购车合同、分期付款文件、试乘试驾协议、售后服务相关文件及产品资料等 |

| 其他 | → | 展厅设置专职前台服务人员，值班人员每小时巡视展厅一次，检查展车及展厅内部环境 |

二、客户来店接待流程

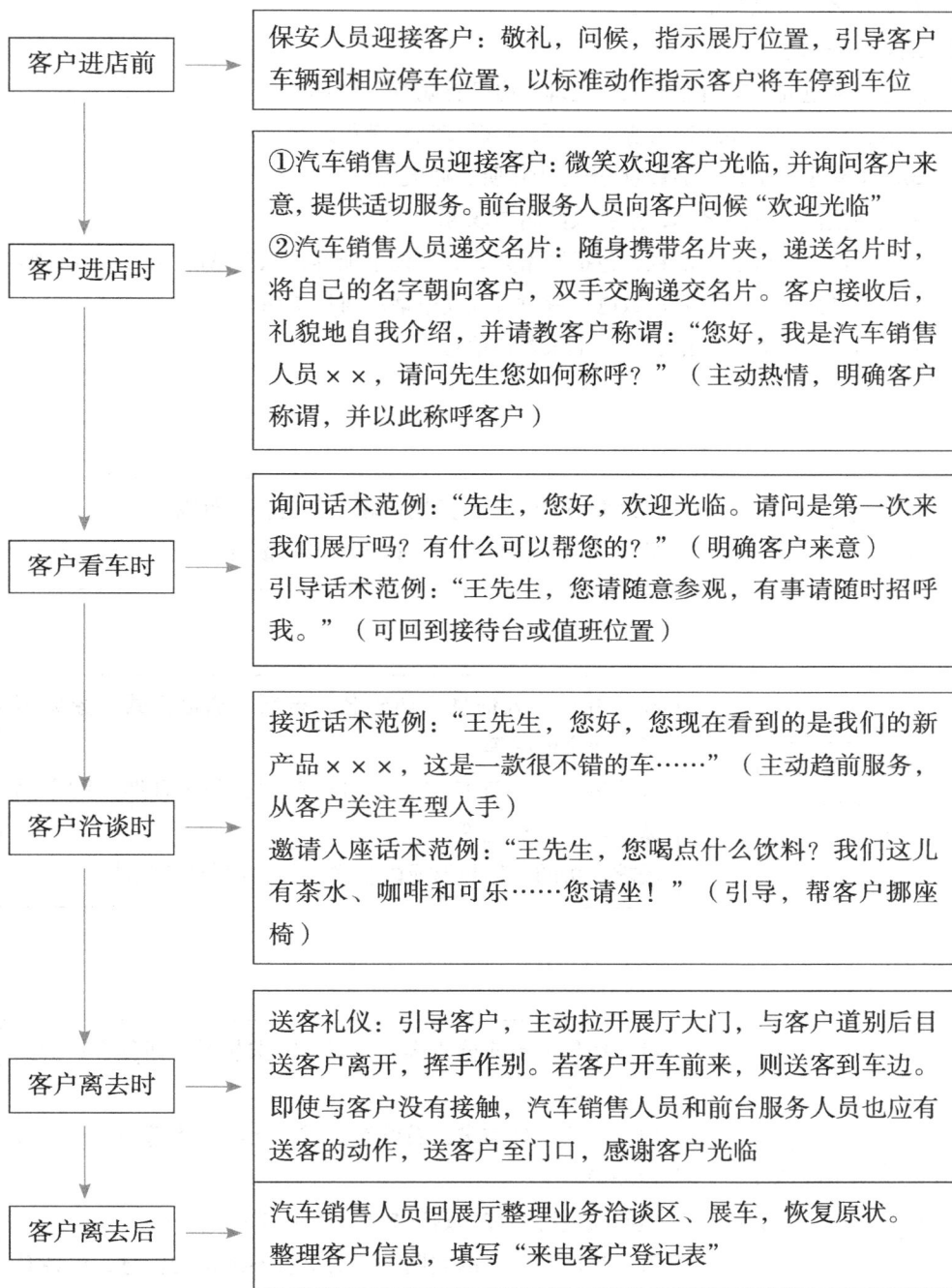

客户进店前 →	保安人员迎接客户：敬礼，问候，指示展厅位置，引导客户车辆到相应停车位置，以标准动作指示客户将车停到车位
客户进店时 →	①汽车销售人员迎接客户：微笑欢迎客户光临，并询问客户来意，提供适切服务。前台服务人员向客户问候"欢迎光临" ②汽车销售人员递交名片：随身携带名片夹，递送名片时，将自己的名字朝向客户，双手交胸递交名片。客户接收后，礼貌地自我介绍，并请教客户称谓："您好，我是汽车销售人员××，请问先生您如何称呼？"（主动热情，明确客户称谓，并以此称呼客户）
客户看车时 →	询问话术范例："先生，您好，欢迎光临。请问是第一次来我们展厅吗？有什么可以帮您的？"（明确客户来意） 引导话术范例："王先生，您请随意参观，有事请随时招呼我。"（可回到接待台或值班位置）
客户洽谈时 →	接近话术范例："王先生，您好，您现在看到的是我们的新产品×××，这是一款很不错的车……"（主动趋前服务，从客户关注车型入手） 邀请入座话术范例："王先生，您喝点什么饮料？我们这儿有茶水、咖啡和可乐……您请坐！"（引导，帮客户挪座椅）
客户离去时 →	送客礼仪：引导客户，主动拉开展厅大门，与客户道别后目送客户离开，挥手作别。若客户开车前来，则送客到车边。即使与客户没有接触，汽车销售人员和前台服务人员也应有送客的动作，送客户至门口，感谢客户光临
客户离去后 →	汽车销售人员回展厅整理业务洽谈区、展车，恢复原状。整理客户信息，填写"来电客户登记表"

三、客户电话接待流程

1.给客户去电时

①做好打电话前的准备工作，了解客户资料和信息。

②接通电话后先表明自己的身份，并确认对方身份。

③通话结束时，感谢客户接听电话，待对方挂断电话后再挂电话。

④记录客户信息和资料。

2.客户来电时

①客户来电先由前台服务人员处理，电话铃响3声之内接听。

②若客户咨询产品或销售服务事项，则转接汽车销售人员接听。

③汽车销售人员在电话铃响3声之内接听，微笑应对。

④主动报汽车4S店名称，接听人姓名与职务。

⑤在电话中明确客户信息，包括联络方式、咨询事项等，积极邀请客户来店参观。

⑥通话结束时，感谢客户致电，待对方挂断电话后再挂电话。

⑦填写"来电客户登记表"，记录客户信息。

四、进行客户需求分析的流程

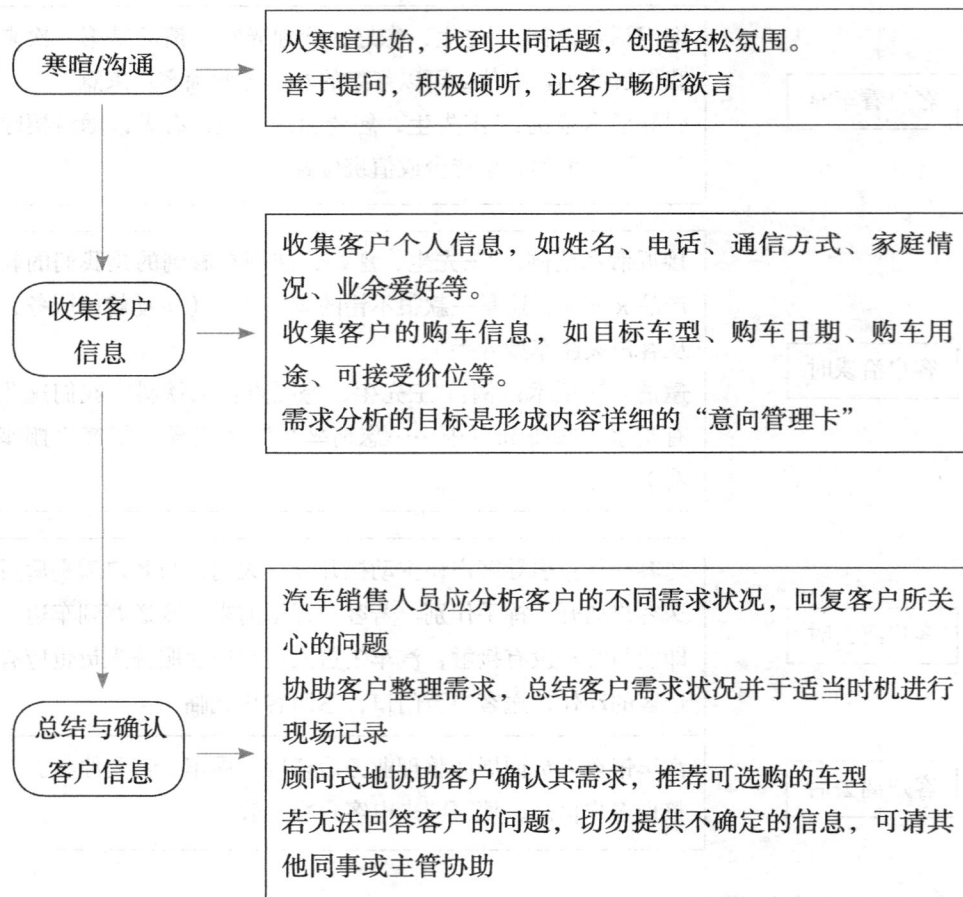

```
┌─────────────┐      ┌──────────────────────────────────────────┐
│  寒暄/沟通   │ ───> │ 从寒暄开始，找到共同话题，创造轻松氛围。    │
└─────────────┘      │ 善于提问，积极倾听，让客户畅所欲言          │
                     └──────────────────────────────────────────┘
       │
       ▼
┌─────────────┐      ┌──────────────────────────────────────────┐
│  收集客户    │      │ 收集客户个人信息，如姓名、电话、通信方式、家庭情 │
│    信息      │ ───> │ 况、业余爱好等。                           │
└─────────────┘      │ 收集客户的购车信息，如目标车型、购车日期、购车用 │
                     │ 途、可接受价位等。                         │
                     │ 需求分析的目标是形成内容详细的"意向管理卡"    │
                     └──────────────────────────────────────────┘
       │
       ▼
┌─────────────┐      ┌──────────────────────────────────────────┐
│  总结与确认  │      │ 汽车销售人员应分析客户的不同需求状况，回复客户所关 │
│  客户信息    │ ───> │ 心的问题                                   │
└─────────────┘      │ 协助客户整理需求，总结客户需求状况并于适当时机进行 │
                     │ 现场记录                                   │
                     │ 顾问式地协助客户确认其需求，推荐可选购的车型    │
                     │ 若无法回答客户的问题，切勿提供不确定的信息，可请其 │
                     │ 他同事或主管协助                           │
                     └──────────────────────────────────────────┘
```

五、车辆展示说明程序

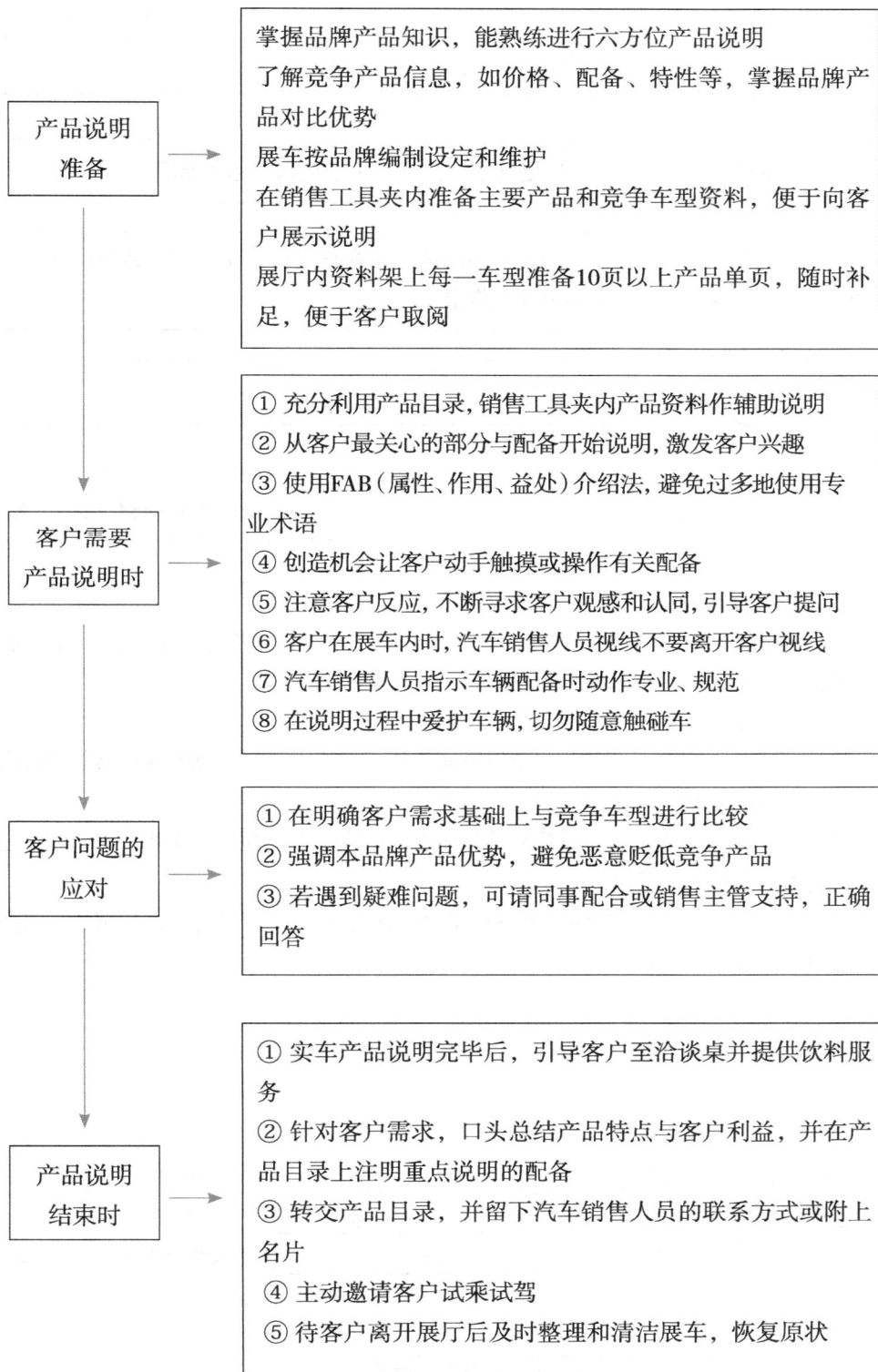

产品说明准备	掌握品牌产品知识，能熟练进行六方位产品说明 了解竞争产品信息，如价格、配备、特性等，掌握品牌产品对比优势 展车按品牌编制设定和维护 在销售工具夹内准备主要产品和竞争车型资料，便于向客户展示说明 展厅内资料架上每一车型准备10页以上产品单页，随时补足，便于客户取阅
客户需要产品说明时	① 充分利用产品目录,销售工具夹内产品资料作辅助说明 ② 从客户最关心的部分与配备开始说明,激发客户兴趣 ③ 使用FAB（属性、作用、益处）介绍法,避免过多地使用专业术语 ④ 创造机会让客户动手触摸或操作有关配备 ⑤ 注意客户反应,不断寻求客户观感和认同,引导客户提问 ⑥ 客户在展车内时,汽车销售人员视线不要离开客户视线 ⑦ 汽车销售人员指示车辆配备时动作专业、规范 ⑧ 在说明过程中爱护车辆,切勿随意触碰车
客户问题的应对	① 在明确客户需求基础上与竞争车型进行比较 ② 强调本品牌产品优势，避免恶意贬低竞争产品 ③ 若遇到疑难问题,可请同事配合或销售主管支持,正确回答
产品说明结束时	① 实车产品说明完毕后,引导客户至洽谈桌并提供饮料服务 ② 针对客户需求,口头总结产品特点与客户利益,并在产品目录上注明重点说明的配备 ③ 转交产品目录,并留下汽车销售人员的联系方式或附上名片 ④ 主动邀请客户试乘试驾 ⑤ 待客户离开展厅后及时整理和清洁展车,恢复原状

六、签约障碍解决方法

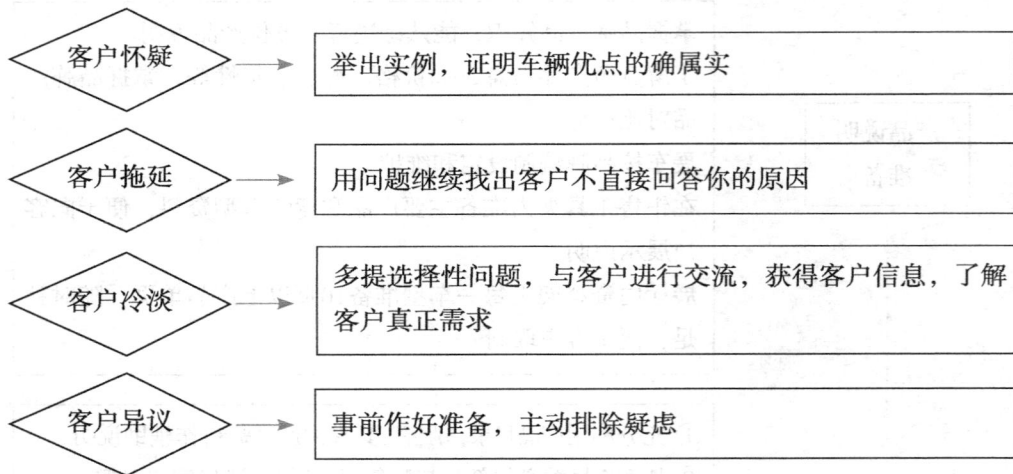

```
<客户怀疑>  →  举出实例，证明车辆优点的确属实

<客户拖延>  →  用问题继续找出客户不直接回答你的原因

<客户冷淡>  →  多提选择性问题，与客户进行交流，获得客户信息，了解
               客户真正需求

<客户异议>  →  事前作好准备，主动排除疑虑
```

> **讨 论**
>
> 如果没有汽车销售顾问，汽车销售可以正常进行吗？

任务拓展

1. 六方位绕车法

六方位绕车法包括车头前端介绍、发动机舱介绍、前乘客席外侧介绍、车尾后端介绍、驾驶席介绍、车厢和内饰介绍。

2. 利用FAB法则介绍技巧

①实事求是。在介绍产品时，要以事实为依据。夸大其词、攻击其他品牌以突出自己的产品都是不可取的。

②清晰简洁。在介绍时尽量用简单易懂的词语或是形象的解说代替，解说时要逻辑清晰，语句通顺，让人能明白。

③主次分明。在介绍产品时，针对产品的优点、好处，可以进行详细阐述；对产品不利的信息可以简单陈述。

任务检测

一、填空题

1. 销售准备工作可分为_____、_____、_____、_____和_____5个部分。

2. 客户需求分析程序可分为、_____、_____和_____3个步骤。

3. 收集客户信息需要收集_____和_____，完成客户的意向管理卡。

二、选择题

1. 客户进店时，汽车销售顾问的话术不正确的是（　　）。

A. 微笑欢迎客户光临，并询问客户来意，提供适切服务

B. 前台服务人员向客户问候"欢迎光临"

C. 汽车销售人员随手递交名片

D. "您好，我是汽车销售人员××，请问先生您如何称呼？"

2. 销售人员遇到下列问题，错误的应对方法是（　　）。

　　A. 在明确客户需求基础上与竞争车型进行比较

　　B. 为强调本品牌产品优势，不得已时也可以恶意贬低竞争产品

　　C. 若遇到疑难问题，可请同事配合或销售主管支持，正确回答

　　D. 在说明过程中爱护车辆，切勿随意触碰车辆漆面

3. 收集客户的购车信息时，需要收集（　　）。

　　A.目标车型　　　　B.购车日期　　　　C.购车用途　　　　D.以上都是

三、简答题

1.汽车销售人员在销售过程中可能遇到哪些签约障碍，该如何解决？

2.产品说明结束时，销售人员还可以做什么？

3.在给客户去电时应做好哪些事情？

评价与反思

评价表

序号	考核项目	考核内容	配分	评分标准	得分
1	销售准备工作	销售准备工作的内容、时间	10	能说出销售准备工作的内容	
			10	能说出各项准备工作所需的时间	
2	客户接待	客户来店接待流程；客户电话接待流程；客户需求分析	15	能模拟客户来店接待流程	
			15	能模拟客户电话接待流程	
			10	能够对不同客户进行需求分析	
3	车辆展示说明	车辆展示说明的程序	10	能完成产品说明	
			10	能说出应对客户提问的方法	
4	签约障碍	解决签约障碍的方法	20	能说出面对客户不同态度的解决方法	

反思

1.客户试乘试驾前，销售顾问需要做好哪些准备工作？

2.在交车前，销售顾问需要做好哪些准备工作？

3.在车辆售出后，销售顾问该将如何做好售后跟踪？

项目二 汽车营销服务礼仪

中国是崇尚礼仪的国度，中国人素以彬彬有礼而著称于世。中华民族的礼仪文化是几千年灿烂辉煌传统文化的重要组成部分。古人云："人无礼则不生，事无礼则不成，国无礼则不宁。"仪则指的是仪容、仪表、仪态、尺度、方式。

礼仪是一门应用艺术，在最初的学习中，建议读者按照约定俗成的方法进行训练。熟练掌握方法后，会进入一个新的境界：优雅的目标不是要追求那些一招一式的形式，而是达到一种悦人悦己的状态。汽车销售服务礼仪是汽车销售顾问必须具有的基本素养，好的礼仪可以提升人的气质。

任务一　汽车营销接待礼仪

任务描述

汽车销售
接待礼仪

作为销售顾问，每天都要接待顾客的来访，得体的接待礼仪能够给顾客留下良好的第一印象，决定着销售的成败，因此接待礼仪尤为重要。本任务主要讲解仪容、仪表礼仪，站姿、走姿、坐姿礼仪和服饰礼仪的基本要领。

关键点：仪容、仪表、站姿、走姿、坐姿。

任务目标

礼仪对比

完成本任务的学习后，你应能：

★ 描述仪容、仪表的要求。

★ 说明仪容、仪表的重要性。

★ 展示标准的站姿、走姿、坐姿。

建议课时：2课时。

任务实施

一、仪容、仪表礼仪

男士仪容

1.仪容的要求

仪容主要是指人的容貌，是仪表的重要组成部分，它反映一个人的精神状态和礼仪修养。一个人的仪容往往与其生活情调、思想修养、道德品质和文化程度密切相关。

男士：应把握的原则是：清洁整齐、精神爽利，注意保持面部的滋润和清洁，做到每天清洁面容、洗发、剃净胡须，及时修剪鼻孔内的毛发，保持良好的精神状态，如图2-1左图所示。

女士：应把握的原则是：头发干净整齐，皮肤洁净，淡妆自然，确保与颈部协调，腮红颜色应与口红、眼影的色彩搭调，手部保持干净、无斑点，指甲修剪整齐，自己的装扮要与环境和谐，如图2-1右图所示。

女士仪容

图2-1　汽车销售仪容要求

2.头发的要求

（1）护理头发

汽车销售人员的头发必须保持健康、美观、干净、清爽、卫生、整齐的状态。要真正达到以上要求，就必须在头发的洗涤、梳理、养护等方面做好功课，这样保养出来的头发才能使自己的形象更加完美。

男士仪表

（2）发型要求

男士：整洁、规范，长度适中，款式适合自己。前不过眉、侧不过耳、后不沾领，如图2-2所示。

女士：整洁、清爽，长发应将头发盘起，刘海不宜遮住眼睛，发型要求大方保守，不能过于时尚。

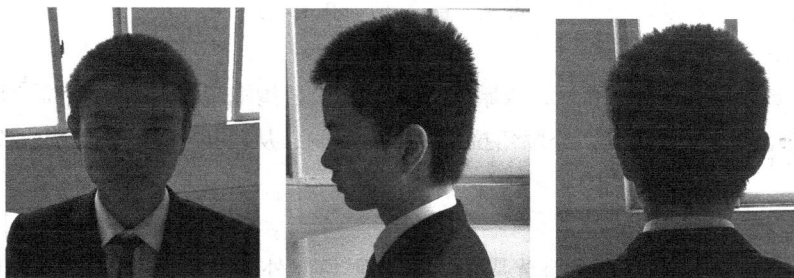

图2-2　男士头发的要求

3.面部的要求

男士：每天面部要保持整洁，不能让人感觉油光满面，胡子拉碴，鼻孔内毛发过长。

女士：每天清洁面部，并使用化妆品保养皮肤，使自己光彩照人，自信满满。

女士面部护理的步骤如下：

①清洁皮肤。用洗面奶清洁皮肤。洗面奶分卸妆、去角质、日常清洁等多种类型，注意根据需要选用。

女士仪表

②补水。选用适合自己的精华水、美肌水、爽肤水等补水，方法是轻轻地把水拍在脸上，用化妆棉效果会更好。

③涂乳液。将乳液轻轻涂抹在脸上，锁住水分。

④涂护肤霜。涂抹护肤霜，最好也是保湿霜，然后轻轻按摩，帮助皮肤完全吸收。

⑤出门化妆前，涂上隔离霜。隔离霜可以在皮肤表层形成隔离保护膜，有效抵抗灰尘、污染性物质以及彩妆对肌肤的伤害，同时还能提亮肤色。

4.手部的要求

①双手要时刻保持洁净，一双清洁没有污垢的手，是和顾客交往时的最低要求。

②经常修剪指甲，指甲的长度不应超过手指指尖。

③女士的指甲不能涂特别夸张的颜色，应以透明色为主，好看又实用。

5.化妆技巧

汽车销售顾问化妆的准则是和谐自然，避免浓妆艳抹或者过分夸张的修饰，以免给顾客留下矫揉造作的印象。好的妆容会给人赏心悦目的感觉，从而带来意想不到的效果。

具体的化妆顺序如下：

（1）底妆

完美的妆容最关键的是底妆。在时间允许的情况下，可先敷保湿面膜令皮肤更晶莹亮泽，选择跟肤色同色号的粉底液，利用粉底刷在脸上均匀刷上粉底液。在粉底刷使用完后可以再用海绵块轻轻按压全脸，使粉底分布得更均匀，也让整体妆效更加自然通透。

（2）定妆

先用干粉扑蘸取适量的蜜粉对折揉匀，用手指弹去多余的粉末，均匀地按压在皮肤上，再用大号化妆刷刷去多余的粉末，千万不可遗忘眼角、鼻翼、嘴角这些油脂分泌旺盛的区域。蜜粉有多种色号，不同的色号适应不同的人群，如粉红色蜜粉适合皮肤苍白的人，绿色蜜粉适合皮肤上有红血丝的人，紫色蜜粉适合皮肤暗沉的人。好的蜜粉不仅能起到定妆吸走油光的效果，更重要的是起到二次修饰的作用。

（3）画眼线

将镜子放在距身体20 cm处，眼睛向下看，用无名指把眼皮轻轻向上拉。贴着睫毛根部，由眼尾向眼角分段描画。外眼角拉长。用眼线刷，从眼角至眼尾将眼线推匀，使线条自然清晰。

（4）画眼影

用中型的眼影刷蘸取白色高光眼影，从内眼角向外眼角大面积扫满整个上眼皮。用小型的眼影刷在眼线上反复轻扫几次咖啡色眼影，控制咖啡色的面积，只做小范围使用，这样可以使整个眼部看上去更立体。晕染时要注意层次的过渡，避免涂抹不匀造成的污浊感。

（5）涂睫毛膏

睫毛膏是调整眼睛很重要的一个步骤。如果睫毛膏涂得非常整齐、干净，睫毛夹得很翘，眼睛就会显得更大，也有利于减淡黑眼圈造成的疲态，使人看起来更精神。按最外梢→再中间→最后根部的顺序分段式夹睫毛，这样夹的睫毛自然又卷翘，卷翘能达到80°。以走"Z"字的手法刷睫毛，不能涂太多睫毛膏，否则睫毛会因为太重而翘不起来。

（6）再次画眼线

选择易上色的黑色眼线勾画在眼尾处，更能强调眼睛的力度。注意眼线的深浅层次，在眼尾处可以画得稍微重些。最后再用白色眼影画在内眼睑和眼头处，这样眼睛的轮廓会变得更大更明亮。

（7）修颜

在耳际到笑肌的三角区域部位、下颌角部位从后往前刷上深色调修颜粉或比肤色深一号色的粉底液，用修颜的白色调从上至下打亮鼻梁这条线，包括额头、下巴，从视觉上营造轮廓感，提升脸型。

（8）涂腮红

在整个妆容里，眼影是视觉重心，所以腮红和唇色都要呈现出淡淡的效果。一般刷的腮红是圆形的腮红，逐渐晕开。

（9）涂唇彩

一般选择淡淡的粉色亮片唇彩将嘴唇涂满即可。

二、站姿、坐姿、走姿的仪态礼仪

礼仪是人在行为中表现出来的姿势，主要包括站姿、坐姿、走姿等。"站如松，坐如钟，走如风，卧如弓"是中国传统礼仪的要求，在当今社会中已被赋予了更丰富的含义。

1.站姿

站立是人们生活、交往中一种最基本的举止。站姿是人的双腿在直立静止状态下所呈现出的姿势。优美、典雅的站姿是发展人的不同动态美的基础和起点，它能显示个人的自信，衬托出自身良好的气质和风度，并给他人留下美好的印象。

（1）男士常用站姿

站姿1：身体立直，抬头挺胸，下颌微收，双目平视，嘴角微闭；双手自然垂直于身体两侧；双膝并拢，两腿绷直，脚跟靠紧，脚尖分开呈"V"字形，如图2-3所示。

站姿2：身体立直，抬头挺胸，下颌微收，双目平视，嘴角微闭，双脚平行分开，两脚间距离不超过肩宽，一般以20 cm为宜；双手手指自然并拢，右手搭在左手上，轻贴于腹部，不要挺腹或后仰，如图2-4所示。

男士站姿

图2-3　男士站姿1

图2-4　男士站姿2

站姿3：身体立直，抬头挺胸，下颌微收，双目平视，嘴角微闭；双脚平行分开，两脚之间距离不超过肩宽，一般以20 cm为宜；双手在身后交叉，右手搭在左手上，贴于臀部，如图2-5所示。

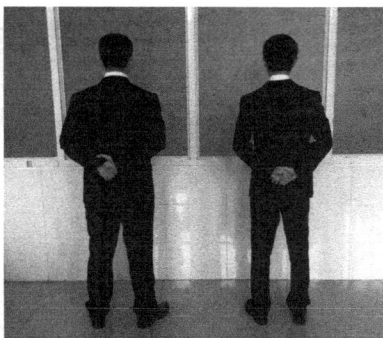

图2-5　男士站姿3

（2）女士常用站姿

站姿1：身体立直，抬头挺胸，下颌微收，双目平视，嘴角微闭，面带微笑；双手自然垂直于身体两侧；双膝并拢，两腿绷直，脚跟靠紧，脚尖分开呈"V"字形，如图2-6所示。

女士站姿

站姿2：身体立直，抬头挺胸，下颌微收，双目平视，嘴角微闭，面带微笑；两脚尖略分开，右脚在前，将右脚跟靠在左脚脚弓处，两脚尖呈"V"字形；双手自然并拢，右手搭在左手上，轻贴于腹前；身体重心可放在两脚上，也可放在一脚上，并通过重心的移动减轻疲劳，如图2-7所示。

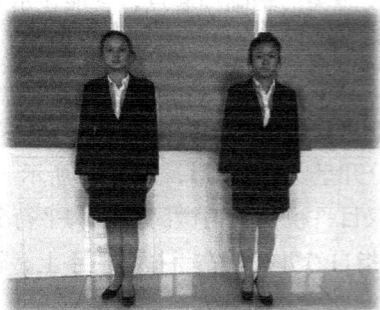

图2-6　女士站姿1

图2-7　女士站姿2

友情提示

坚持正确的站姿训练，可以帮助男性宽肩、平腹、窄胯；帮助女性窄肩、细腰、宽胯。标准的站姿要求大方、自然、优雅，不能僵硬，以免看起来呆板拘谨，当然也不能随意，要时刻保持腿的直立和脚位的正确。

站姿训练

2.坐姿

坐姿文雅、端庄，不仅给人以沉着、稳重、冷静的感觉，而且也是展现自己气质与修养的重要形式。基本要求：两肘或自然弯曲或靠在椅背上，双脚接触地面（跷脚时单脚接触地面），双腿适度并紧。

（1）男士常用坐姿

标准式：上身挺直，双肩正平，两手自然放在两腿或扶手上；小腿垂直落于地面，两脚自然分开成45°，如图2-8所示。

男士坐姿

图2-8　男士标准式坐姿

图2-9　男士前交叉式坐姿

前交叉式：在标准式的基础上，小腿前伸，两脚踝部交叉，如图2-9所示。

（2）女士常用坐姿

标准式：上身挺直，双肩正平，两臂自然弯曲，两手交叉叠放在两腿中部，并靠近小腹；两膝并拢，小腿垂直于地面，两脚朝向正前方。着裙装的女士在入座时要用双手将裙摆内拢，以防坐出皱纹或因裙子被打褶而使腿部裸露过多，如图2-10所示。

图2-10　女士标准式坐姿

女士坐姿

侧点式：两小腿向左斜出，两膝并拢，右脚跟靠拢左脚内侧，右脚掌着地，左脚尖着地，头和身躯向左斜。注意大腿和小腿要直角，小腿要充分伸直，尽量显示小腿的长度，如图2-11所示。

侧挂式：在侧点式基础上，左小腿后屈，脚绷直，脚掌内侧着地，右脚提起，用脚面贴住左踝，膝和小腿并拢，上身右转，如图2-12所示。

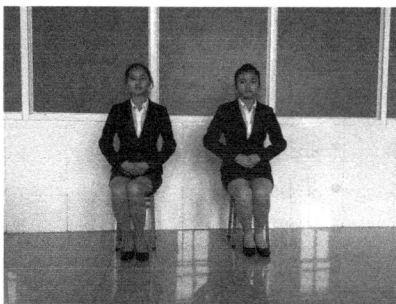

图2-11　女士侧点式坐姿

图2-12　女士侧挂式坐姿

坐姿训练

—— 友情提示 ——

入座时要轻稳，不得发出任何的声音。

入座后上体自然挺直，挺胸，双膝自然并拢，双腿自然弯曲；双肩平整放松，双臂自然弯曲，双手自然放在双腿上。不要紧张，自然的心态，才能呈现出更优美的坐姿。

双手可放在椅子、沙发扶手上，掌心向下。

头正，嘴角微闭，下颌微收，双目平视，面容平和自然。

坐在椅子上时，应坐满椅子的2/3，脊背轻靠椅背，目视前方，自然大方。

离座时，要自然稳当，不让椅子发出任何的声音。

3.走姿

走姿是指一个人在行走过程中的姿势，它以人的站姿为基础，始终处于运动中。总的要求是"走如风"，即走起来要轻盈稳健，如图2-13所示。

正确的走姿要求：

- 头抬正；
- 肩放平；
- 躯挺直；
- 步位直；
- 步幅适中；
- 步速平稳。

图2-13 汽车销售顾问走姿

女士在较正式的场合中的行走轨迹应该是一条线，即行走时两脚内侧在一条直线上，两膝内侧相碰，收腰提臀，挺胸收腹，肩外展，头正颈直收下颌。

男士在较正式的场合中的行走轨迹应该是两条线，即行走时两脚的内侧应在两条直线上。

友情提示

不雅的步态，如左右摇晃、弯腰驼背、左顾右盼、鞋底蹭地、八字脚、碎步等，让人对你的印象大打折扣，给人一种不成熟稳重的感觉。

做一做

两人一组完成坐姿、走姿、站姿的练习，并指出对方的优缺点。

任务拓展

办公室同事的相处礼仪

1.真诚合作

同事之间属于互帮互助的关系，俗话说"一个好汉三个帮"，只有真诚合作才能共同进步，达到相互帮助的目的。

2.同甘共苦

同事遇到困难，通常首先会向亲朋好友寻求帮助，但作为同事，应主动问讯。对力所能及的事应尽力帮忙，这样会增进双方之间的感情，使关系更加融洽。

3.公平竞争

同事之间的竞争是正常的，有助于同事成长，但是切记要公平竞争，不能在背后耍心眼，做损人不利己的事情。

4.宽以待人

同事之间的相处，一时出现失误在所难免。如果出现失误，应主动向对方道歉，征得对方的谅解；对双方产生的误会应主动说明，不可小肚鸡肠，耿耿于怀。

任务检测

一、填空题

1.仪容主要指人的_____，是仪表的重要组成部分，它反映一个人的精神状态和礼仪

走姿

走姿训练

蹲姿

蹲姿训练

修养。一个人的仪容往往与其_____、思想修养、道德品质和_____密切相关。

2.礼仪是人在行为中表现出来的姿势，主要包括_____、_____、_____等。

3.办公室礼仪包括_____、_____、_____、_____。

二、选择题

1.对于男士头发的要求，下面说法错误的是（   ）。

A.头发的长度应该是前不过眉，后不过耳

B.头发只要干净整洁就行，长度没有要求

C.男士不应该有长发和怪发

D.头发应该经常清洗，不应该有异味

2.对于女士化妆的要求，下列说法正确的是（   ）。

A.在工作中应该以淡妆为主，切勿浓妆艳抹

B.在工作中没有必要化妆，随意就好

C.在工作中的妆容对于女士来说不重要

D.在工作中只要脸部清洁干净，化妆可以只涂口红

三、简答题

1.阐述保持良好仪容的意义。

2.对于男士站姿和女士站姿的要求分别是什么？

3.对于男士走姿和女士走姿的要求分别是什么？

评价与反思

评价表

序号	考核项目	考核内容	配分	评分标准	得分
1	仪容仪表礼仪	仪容、仪表的概念；对于男士仪容的要求；对于女士在仪表的要求	10	能叙述仪容、仪表的组成	
			15	能说出男士在仪容方面的要求和注意事项	
			15	能说出女士在仪表方面的要求和注意事项	
2	站姿、坐姿、走姿的仪态礼仪	男、女站姿要求；男、女坐姿要求；男、女走姿要求	20	能展示标准的男士或女士站姿	
			20	能展示标准的男士或女士坐姿	
			20	能展示标准的男士或女士走姿	

反思

1.除了书中介绍的，还有哪些标准的站姿和坐姿？

2.标准的男、女蹲姿的要求有哪些？

任务二　汽车营销电话礼仪

任务描述

　　作为销售顾问，每天都要接听顾客的咨询电话，也要给顾客打电话落实对方的购买意向，所以掌握必要的电话礼仪对于销售顾问尤为重要。本任务主要讲解接打电话的基本礼仪和常用的话术。

　　关键点：接打电话的基本礼仪。

任务目标

完成本任务的学习后，你应能：

★ 描述接打电话的基本礼仪；

★ 描述接打电话的注意事项；

★ 使用礼仪用语接打电话；

★ 会使用接打电话的常用话术。

建议课时：2课时。

任务实施

一、接打电话的基本礼仪

　　1.重要的第一声

　　当你拨打电话给某个客户时，如果你的第一声问候非常明快和温暖，会给对方留下一个很好的印象，便于后续内容的交流。但是如果你的第一声问候就比较低沉而且吐字不清，会给人一种距离感，使人不愿意跟你继续交流，后续的内容也将很难展开。

　　2.要有愉悦的心情

　　给客户拨打电话时应该保持心情愉悦，这样即使顾客忘记了你，也会感觉你是非常好相处的人，受到你情绪的感染，也会愿意继续和你交流，从而更可能实现你的目的。

　　3.保持嘴巴"干净"和身体端正

　　打电话的时候一定要保持嘴巴"干净"和身体端正，不应该抽烟、吃零食或身体处于倒卧的姿态等，这些都可能使得你的声音显得散漫、不够清晰，进而给人留下极差的印象。

　　4.迅速准确地接听

　　现代人的生活节奏都很快，如果电话铃响多声后无人接听，会使人感觉不好，所以尽量在电话响3声内接听。如若时间过长才接听，应该在接听电话时首先说："对不起，让您久等了。"以亲切温柔的方式去给顾客解释，否则对方可能会对你产生不满，进而给后续

**汽车销售
电话礼仪**

工作造成困难。

5.认真清楚地记录

"好记性不如烂笔头"，及时记录对于接打电话是非常重要的。记录时应该简单明了，包括何时、何地、何人、何事、目的和如何进行。一定要记录清楚，如果有不清楚的地方，一定要在电话中重新确认，切记别误了工作。

6.了解来电的目的

接听办公室的座机电话时，一定要问清楚来电的目的，如果自己能解决的问题就尽量解决；如若不能解决的问题，就要记录清楚，汇报领导后再给对方回电。电话如若是找其他人的，而这个人无法接听电话，应该给来电人说清楚，会让对方回电。

7.挂电话的方式

要结束通话时，应该等打电话的人要求挂电话，才能说再见。不能在无任何说明的情况下自己挂断电话，否则会给人留下没有素质的印象，不利于工作的开展。

二、电话礼仪常见话术

电话预约销售可以分为主动预约和被动预约。主动预约是指4S店根据客户基本资料，直接致电客户，邀约客户到店。被动预约是指客户根据自己的需要，主动致电4S店询问情况。

主动预约流程：

> 话术：您好

> 确认对方信息（请问您是×××先生/女士吗？）。

> 话术：请问您现在方便接听电话吗？

> 介绍自己的信息（我是××4S店的销售顾问×××）。

> 介绍事情，开始预约销售。

> ……

被动预约流程：

> 话术：您好。

> 介绍自己信息（我是××4S店的销售顾问×××）。

话术：很高兴为您服务，请问有什么需要？

介绍事情，开始预约销售。

确认对方信息（再次确认一下，您的全名是×××，您需要的车型是……）。

……

—— 做一做 ——

两人一组，设计一份接打电话的流程，并练习。

任务拓展

沟通礼仪

1. 男士坐姿大全

标准式：上身挺直，双肩正平，两手自然放在两腿或扶手上，小腿垂直落于地面，两脚自然分开成45°。

前伸式：在标准式的基础上，两小腿前伸一脚的长度，左脚向前半脚，脚尖不要跷起。

前交叉式：在标准式的基础上，小腿前伸，两脚踝部交叉。

屈直式：在标准式的基础上，左小腿回屈，前脚掌着地，右脚前伸，双膝并拢。

环境礼仪

斜身交叉式：在标准式的基础上，两小腿交叉向左斜出，上体向右倾。

重叠式：右腿叠在左膝上部，右小腿内收贴向左腿，脚尖下点。

2. 女士坐姿大全

标准式：上身挺直，双肩正平，两臂自然弯曲，两手交叉叠放在两腿中部，并靠近小腹。两膝并拢，小腿垂直于地面，两脚尖朝正前方。着裙装的女士在入座时要用双手将裙摆内拢，以防坐出皱褶或因裙子被打褶而使腿部裸露过多。

流程礼仪

前伸式：在标准坐姿的基础上，两小腿向前伸出一脚的距离，脚尖不要跷起。

前交叉式：在前伸式坐姿的基础上，右脚后缩，左脚交叉，两踝关节重叠，两脚尖着地。

屈直式：右脚前伸，左小腿屈回，大腿靠紧，两脚前脚掌着地，并在一条直线上。

后点式：两小腿后屈，脚尖着地，双膝并拢。

展厅礼仪

侧点式：两小腿向左斜出，两膝并拢，右脚跟靠拢左脚内侧，右脚掌着地，左脚尖着地，头和身躯向左斜。注意大腿小腿要成直角，小腿要充分伸直，尽量显示小腿长度。

商务礼仪

侧挂式：在侧点式基础上，左小腿后屈，脚绷直，脚掌内侧着地，右脚提起，用脚面贴住左踝，膝和小腿并拢，上身右转。

重叠式：在标准式坐姿的基础上，腿向前，一条腿提起，腿窝落在另一条腿的膝关节上边。要注意上边的腿向里收，贴住另一条腿，脚尖向下。

任务检测

一、填空题

接打电话的基本礼仪有_____、_____、_____、_____、_____和_____。

二、选择题

1.对于接听电话的要求，下面说法错误的是（　　）。

A.电话来电时，应该及时接答电话

B电话来电时，确认对方的身份

C.电话来电时，应该讲究说话的语气和态度

D.电话来电时，根据自己的心情讲话，随心所欲

2.电话预约销售可以分为（　　）。

A.事前预约和事后预约　　　　　　　B.自己预约和他人预约

C.主动预约和被动预约　　　　　　　D.上述答案均不对

三、简答题

接听电话的注意事项有哪些?

评价与反思

评价表

序号	考核项目	考核内容	配分	评分标准	得分
1	接打电话的基本礼仪	电话礼仪的要求	50	能叙述接打电话的基本礼仪组成	
2	电话礼仪常见话术	主动拨打电话	25	能掌握主动拨打电话的技巧	
		被动接听电话	25	能掌握被动接听电话的技巧	

反思

1.顾客购买意愿不太强烈，应该怎样给顾客打电话邀约其到店看车?

2.电话礼仪还有哪些需要注意的事项在书中没有提到? 请举例说出。

项目三 汽车销售流程

　　汽车销售流程是指目标客户产生销售机会，汽车销售顾问针对销售机会进行汽车销售活动并产生买卖结果所进行的一系列活动的串联。汽车销售流程包括客户开发、充分准备、沟通接待、需求分析、车辆介绍、试乘试驾、报价成交、完美交车以及售后跟踪9个环节。

　　大多数4S店都倡导"客户关怀"销售流程（图3-1），为经销商提供了一个很好的销售和售后平台。4S店的利润来源于销售，在售前、售中、售后环节中无时无刻不在销售产品、销售公司、销售品牌。因此，销售人员应掌握销售流程中与客户接触的各个关键点，全力提升客户的满意度，创造双赢的局面。

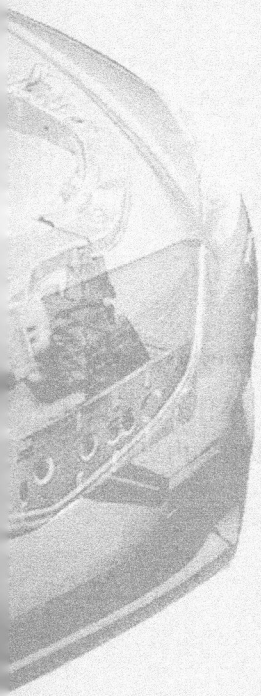

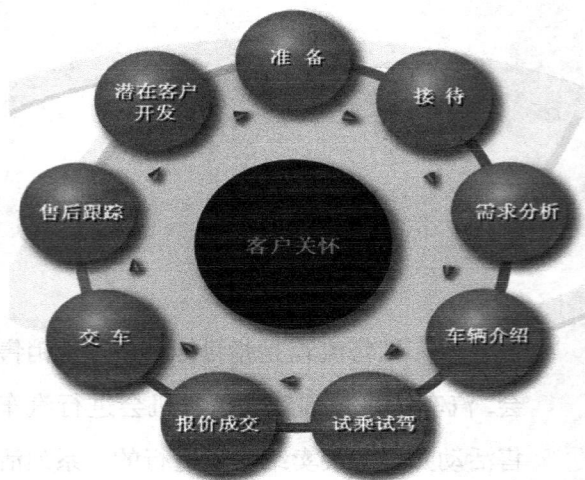

图3-1 "客户关怀"汽车销售流程

任务一 接待前的流程

任务描述

接待前的流程包括了客户开发和接待前的准备两个环节。汽车销售顾问和客户面对面接触的时间是非常有限的，所以需要销售顾问在准备工作上花大量的时间。本任务主要讲解如何进行客户开发以及做好接待前的准备工作，从而在与客户接触的有限时间内更好地完成销售任务。

关键点：客户开发、接待前的准备。

任务目标

通过本任务的学习，你应能：

★ 知道潜在客户的来源；

★ 收集、整理、分析潜在客户信息；

★ 作好接待前人员以及展厅车辆的准备。

建议课时：2课时。

任务实施

一、客户开发

有效的潜在客户开发工作可以使更多的客户来到销售展厅，进而创造更多的销售机会，这种方法效率较高而且成本低廉。开发潜在客户包括确认潜在客户，并与他们建立持续的沟通关系，让他们转成实际的客户。为了获得最佳的效果，销售顾问每天必须积极主动地与潜在客户进行联系。

1. 潜在客户的分类

●潜在客户：尚未接触，也尚未购车的客户；

●有望客户：已经接触，但尚未购车的客户。

2. 潜在客户的来源

潜在客户的来源途径包括：朋友和家庭成员、特约店客户、到店咨询过的客户、维修客户、网络论坛中的活跃者、老客户推荐的客户等。

3. 开发潜在顾客的方法

①开发潜在客户是每天日常工作的一部分，每天不应少于3 h。

②每天整理出第二天要联系的全部潜在客户的名单。

③在每天开始上班时检查当天要联系的潜在客户名单，根据当天工作的具体情况及时调整。

④在与潜在客户联系前，应熟悉该潜在客户的背景资料，做到心中有数。

⑤通过各种有效的方式和工具（拜访、电话、短信、QQ、微信、邮件等）与潜在客户进行沟通。

⑥在每次完成与潜在客户的接触与沟通后，应将此次活动的细节记录下来，以便将来再次联系该潜在客户时参考。

友情提示

与潜在客户沟通的技巧：

● 找理由打电话或碰面；

● 道出客户的姓名，然后介绍自己；

● 确认客户现在及未来的需求；

● 说明这次联系的目的（如是否能下单），以及将给该潜在客户的现在与未来需求可能带来的好处；

● 如果潜在客户的需求不符合这次联系的目的，则可以介绍适合他的其他利益；

● 请求推荐其他客户；

● 感谢客户与你谈话或碰面，且让他知道下次联系的时间。

做一做

两人一组分别扮演客户和销售顾问，模拟开发潜在客户的情景。

二、接待前的准备

工欲善其事，必先利其器。虽然在整个销售流程中，"准备"是唯一不需要面对客户的，但却是后续步骤的基础，有了这个良好的基础和平台，就能在与客户接触的过程中，让客户拥有良好的体验。

1. 销售人员自身准备

- 名片
- 公司简介
- 产品宣传单页
- 报价单
- 保险说明书
- 竞争对手分析表
- 小礼品
- 笔和纸
- 合同、订单
- 其他和业务相关的资料、工具

2. 展厅内车辆准备

车辆外部要求：

①车辆应始终保持清洁，车身无划痕，车身漆面要保持光滑、明亮，展示出车辆的质感。车窗玻璃应内外擦拭干净，确保无手纹或水痕。

②车身外饰及各种装饰条、车型标识、标牌应齐全无损。

③车辆的轮胎、轮罩应齐全无损，轮胎气压正常；车轮装饰盖上的标识应始终保持水平，保持轮胎导水槽整洁、无异物；内轮弧擦拭干净，及时上轮胎蜡。

④车辆有标明车型的前后牌。

⑤车辆尽量配备车轮垫。

⑥驾驶席侧车窗应为半开启状态。

⑦中控门锁、遥控门锁应开关正常，四门两盖应开关灵活无干涩、反弹，车辆不能上锁。

车辆内部要求：

①内饰、仪表板、门护板、顶篷、座椅、地毯应清洁无破损；座椅上不应有塑料罩；方向盘应去除保护套，且方向盘上的标识须保持水平。

②各项电器设施使用正常。

③发动机室保持干净、无灰尘。

④驾驶座椅调整到腿部空间的最大位置。

⑤车辆内设置专用地毯或脚垫。

⑥后备厢干净、整洁、无杂物。

⑦与车辆无关的物品应全部清除。

3. 展厅内人员配备

①展厅内部应保持有3人值班接待。

②第一顺位销售顾问在展厅内巡视，随时关注展厅来客，并负责接待；接待完成后，

必须负责后续环境、车辆整理及清洁。

　　③第二顺位销售顾问站立在接待台后，负责提供饮料及续杯、客户咨询等业务；还需每小时巡视展厅一次，检查展厅内部环境与展车的清洁状况，并作记录。

　　④第三顺位销售顾问坐在接待桌旁，负责接听来电。

　　⑤其他销售顾问无故不得出现在接待大厅内，应在销售办公室内或其他区域安排自己的工作。

　　⑥当第一顺位销售顾问接待客户时，其他销售顾问依次及时上前递补。

任务拓展

　　1. 销售人员应具备的工作态度

　　对待客户的态度：站在客户的角度，帮助客户作出正确的选择。

　　对待销售的态度：对待销售就像对待个人爱好一样，投入精力、热情、期待，并从中获得乐趣。

　　对待企业的态度：忠诚、互利、共存。

　　2. 销售人员应具备的基本知识

　　行业内知识：特约店的历史、理念和品牌背景，汽车市场发展现状和趋势，产品主要卖点、技术指标，竞争对手情况。

　　跨行业知识：金融、股票、体育、经济、时事、地理、风俗、习惯、人文。

　　商务礼仪：仪表礼仪、用餐礼仪、会面礼仪、电话礼仪等。

任务检测

一、填空题

　　1. 潜在客户的分类包括：_____、_____、_____、_____。

　　2. 潜在客户的来源途径包括：_____。

二、选择题

　　1. 展厅内部至少保持（　　）人接待。

　　　A. 1　　　　　　　　B. 2　　　　　　　　C. 3　　　　　　　　D. 4

　　2. 开发潜在客户是销售顾问每天日常工作的一部分，在这一部分花费的时间每天不应

　　　少于（　　）h。

　　　A. 1　　　　　　　　B. 2　　　　　　　　C. 3　　　　　　　　D. 4

三、简答题

　　1. 在接待顾客前，展厅内的人员应对车辆作哪些准备？

　　2. 在接待顾客前，展厅内的人员应该作哪些准备？

评价与反思

评价表

序号	考核项目	考核内容	配分	评分标准	得分
1	客户开发	寻找潜在客户	10	能说出潜在客户的类型	
			10	能说出潜在客户的来源	
		与潜在客户沟通	10	能寻找到合适的理由与潜在客户联系	
			10	能适时地说明这次联系的目的	
			10	能了解潜在客户的需求	
			10	能适时地让潜在客户推荐其他客户	
			10	能让潜在客户知道下次联系的时间	
2	接待前准备	自身准备	15	能说出应该准备的各项资料	
		车辆准备	15	能说出车辆内部和外部应该达到的标准	

反思
1. 当展厅的来店客户资源无法满足销量目标时，该怎么办？
2. 应该如何分析已成交客户的来源渠道？

任务二　接待中的流程

任务描述

汽车销售接待是汽车销售至关重要的一环。随着消费者渐趋理性，谁能提供消费者满意的服务，谁就能获得最大的销售成果。本任务主要讲解接待的流程（包括沟通接待、需求分析、车辆介绍、试乘试驾、报价成交、完美交车6个环节）的主要内容及其涉及的销售技巧，从而掌握过硬的销售技能。

关键点：沟通接待、车辆介绍、报价成交。

任务目标

通过本任务的学习，你应能：

★ 掌握客户接待基本流程；

★ 初步掌握谈话技巧；

★ 从与客户的交谈中提取有用信息；

★ 掌握试乘试驾流程；

★ 掌握报价流程，同时能有效运用沟通技巧促成成交；

★ 掌握交车流程，能良好完成交车过程的各个环节。

建议课时：2课时。

任务实施

一、沟通接待

进入车辆展厅的客户或多或少都带有"压力"，压力可能来自各个方面，而此时就需要销售顾问以热情、专业的接待，建立客户的信心，消除客户的疑虑，使他们感到舒适，从而舒缓他们的"压力"。这些措施对于客户接受销售的产品，进而成交都有举足轻重的作用。

接待客户的注意事项如下：

1.客户接近展厅时

①若见客户开车来展厅，保安人员应示意客户停车，行举手礼，询问客户来店的目的。若客户是维修保养，引导车辆进入维修区；若客户是来展厅看车或有其他目的，则引导车辆停入客户停车场。

②当客户车辆停妥后，保安人员应快速向前，帮助客户打开车门并热情问好。

2.客户进入展厅时

①客户进入4S店后，值班销售顾问（第一顺位销售顾问）开始前迎致欢迎词"欢迎光临××××"，并鞠躬45°，同时面带微笑，并进行简短自我介绍，请教客户尊姓，将名片以易于客户阅读的方向双手递给客户。

②第二顺位销售顾问应先行提供免费茶水接待客户。

③除了与客户进行交谈外，还必须随时关注客户的同行人员并一一招呼寒暄。

3.客户自行看车时

①若客户表示想自行看车，销售顾问向客户说明自己的服务方位，并告知客户如有需要，会立即提供帮助。

②销售顾问应在客户所及的范围内随时关注可能的需求，并保持一定的距离待命，避免给客户有压力的感觉。

4.客户想要交谈时

①销售顾问主动邀请客户先入座，让客户坐在可以看到展车的位置，自己则坐在客户的右手边。

②当第一顺位销售顾问与客户进行面对面交谈时，第二顺位销售顾问应及时上前，询问客户所需的饮料，并及时为客户提供免费饮料服务。

③交谈时应先从礼貌寒暄开始，扩大谈话面，引导客户产生更多的对话机会。

④保持适当的身体距离，适时引导客户谈论对车辆的感受，注重倾听客户的意见，了

解更多客户的信息，并针对客户的情况进入相应的流程。与客户交谈的同时，也应随时关注客户的同伴。

⑤积极回应客户提出的话题。在客户说话的时候，注意倾听，不随意打断客户谈话。

5.客户离开时

①主动留取客户的信息，并让客户理解留取信息的好处。

②销售顾问应向客户表示今后有什么需求，可随时与自己联系，并欢迎再次惠顾。提醒客户随身携带的物品，送客户至展厅门外，并道别。

③若客户开车前来，销售顾问应陪同客户到停车场，引导车辆驶出停车位，向离去客户挥手致意，并目送客户离开。

④保安人员指挥客户车辆驶出门口，向客户行礼放行并目送其离开。

6.客户离开后

①销售顾问应整理客户资料，填写"来店客户登记表"和"客户管理卡"。

②在客户离店3天内对客户进行电话追踪回访。

二、需求分析

客户往往对自己的需求并不完全了解，而且也不容易表达出来，所以销售顾问必须通过各种引导和提问的方式让客户将自己真正的需求表达出来，以利于为推荐、介绍合适的产品作好准备。详细的需求分析是满足客户需求的基础，也是保证产品介绍有针对性的前提。

分析客户需求的注意事项如下：

1.客户表达需求时

①销售顾问在和客户面谈时，要保持一定的身体距离，随时与客户保持眼神交流。

②销售顾问需保持热情态度，使用开放式的问题进行提问，并主动引导，让客户畅所欲言。

③销售顾问需适时使用刺探与封闭式的提问方式，引导客户正确表达他的需求。

④销售顾问也可针对客户的同伴进行一些引导性的对谈话题。

⑤销售顾问需留心倾听客户的讲话，了解客户真正的需求。

⑥在适当的时机作出正面的响应，并不时微笑、点头、不断鼓励客户发表意见。

⑦征得客户允许后，销售顾问应将谈话内容填写至自己的销售笔记本中。

⑧销售顾问需随时针对客户对车辆的需求提供正确想法和信息以供参考。

2.确定客户需求时

①当客户表达的信息不清楚或模糊时，应进行澄清。

②当无法回答客户所提出的问题时，保持冷静，切勿给客户提供不确定的信息，并请其他同事或主管协助。

③销售顾问应分析客户的不同需求状况，解决及回复客户所提出问题。

④协助客户整理需求并适当地总结，从而推荐可选购的车型。

⑤重要需求信息及时上报销售经理，请求协助。

三、车辆介绍

销售过程中的车辆介绍是至关重要的。一般来说，销售顾问只有不到15 min的时间来为客户介绍车辆的特性和配置，因此如何利用这短暂的时间针对客户真正的关注点进行产品介绍就非常重要了。要真正做到这点，销售顾问需要掌握产品的相关知识，充分了解产品的特性，并具备一定的销售技巧。专业的车辆介绍不仅能够建立客户对于产品的信任，也能建立客户对于销售顾问的信任。车辆介绍又称为六方位绕车介绍（图3-2），在项目四中会有详细的讲解。

1.车辆介绍前的准备

①销售顾问需充分掌握所销售的各种车型的配置、性能和技术参数。

②销售顾问应掌握六方位绕车介绍的技巧。

③销售部门应定期设计、总结各车型介绍的话术，并组织销售顾问进行培训。

2.车辆介绍时的注意事项

①销售顾问应尽量利用实车来进行解说，并从客户最有兴趣的部分开始。

②应以客户为尊，让客户站在最好的角度，销售顾问的视线不要高于客户的视线。

③销售顾问应随时利用车辆来与客户进行互动，鼓励客户动手操作，寻求客户认同。

④当客户在进行操作的时候，销售顾问应在旁边协助引导。

⑤应尽量使用简单易懂的介绍方法，避免使用过多专业性的用语，还要避免攻击竞争对手。

⑥车辆介绍完毕后，销售顾问应将客户引导至洽谈桌，并提供饮料服务，适时邀请客户试乘试驾。

图3-2　六方位绕车介绍的6个方位

四、试乘试驾

试乘试驾是车辆介绍的延伸，也是让客户亲身体验车辆性能的最好时机。客户通过切身体会和驾驶感受，加上销售顾问把握机会动态介绍，可加深客户对产品的认同，从而增强其购买信心，激发购买欲望。

试乘试驾的注意事项如下：

1.试乘试驾前

①特约店必须准备专用的试乘试驾车辆，并由专人负责维护和清洁。

②每位参与试驾的销售顾问都要有驾照且能熟练驾驶，试乘试驾之前要熟悉客户　资料。

③应规划好可以凸显车辆优势的试乘试驾路线图。

④在客户试乘试驾前，要确认车辆处于完好的状态。

⑤销售顾问要向客户说明试乘试驾的流程、路线图、时间及安全驾驶须知等。

⑥在试驾开始之前，销售顾问应复印客户的驾驶证并请试驾的客户签署"试乘试驾保证书"（图3-3）。

⑦试驾路线应事先规划，以保证安全为首要原则。

⑧妥善运用"预约试驾"，除了表示"慎重"外，另有留取客户资料及过滤客户的功能。

⑨邀请客户带全家人一同参与试乘试驾，让客户感受真正拥有该车的快乐。

特约店名称	
试乘试驾车辆型号	
试乘试驾车辆牌照号	
试乘试驾路线	
试驾时间	

本人于　　年 月 日 时 分在＿＿＿＿＿＿＿（地点）自愿参加××××汽车特约销售服务店（公司名称见以上表格）举行的汽车试乘试驾活动，为此作如下陈述与声明：

本人在试乘试驾过程中，将严格遵守国家及地方有关行车驾驶的一切法律和法规要求，并服从上述特约销售服务店提出的一切指示，做到安全、文明驾驶，以尽最大努力和善意保护试乘试驾车辆的安全和完好。否则，对试乘试驾过程中造成的对自身和/或他人的人身伤亡，上述特约销售服务店和/或汽车厂家和/或他人财产的一切损失，本人将承担全部责任。

试乘试驾人签字：

驾照号码：

驾驶证有效期：

联系电话：

联系地址：

日　期：＿＿＿＿＿年＿＿月＿＿日

图3-3　客户试驾保证书

2.客户试乘时

①试乘试驾过程应由销售顾问先驾驶，让客户熟悉车内各项配置。

②销售顾问先帮客户开启车门，然后快步回到驾驶座位上，主动系好安全带，确认客户是否坐好并系上安全带。

③关注客户同伴，询问其座位位置是否舒适，并主动帮助其调整椅背或后座扶手，使其乘坐感觉舒适。

④设定好空调及音响，同时在进行设定时逐一跟客户解释说明。

⑤销售顾问应依据车辆的特性，在不同的路段进行动态产品介绍，说明其车辆主要性能及特点。

⑥应选择适当的安全地点换到顾客驾驶。

⑦简单介绍车辆操作，排挡杆一定要介绍，确认客户已熟悉操作方法。

⑧再次提醒客户试驾路线及安全驾驶事项，请所有客户系上安全带，启动车辆，开始驾驶。

3.客户试驾时

①客户试车过程中，以精简交谈为原则，不分散客户驾驶注意力，确保行车安全，让客户静心体会驾驶乐趣。

②试驾时应播放适合的音乐，音量大小适度。

③适当指引路线，点明体验感觉。

④不失时机地称赞客户的驾驶技术。

⑤若客户有明显的危险驾驶动作或感觉客户对驾驶非常生疏，应及时果断地请客户在安全地点停车；向客户解释安全驾驶的重要性，获取谅解；改试驾为试乘，由销售顾问驾驶返回展厅。

4.试乘试驾后

①销售顾问协助客户将车辆停放于指定区域，并引导客户回到洽谈桌旁。

②销售顾问必须针对客户特别感兴趣的配备再次加以说明，并引导客户回忆美好的试驾体验。

③针对客户试驾时产生的疑虑，应立即给予合理和客观的说明。

④利用客户试驾后，对产品的热度尚未退却时，引导客户进入条件商谈阶段，自然促使客户成交。

⑤对暂时未成交的客户，与客户一同填写"试乘试驾活动车辆评价问卷"，利用留下的相关信息，然后与客户保持联系。

⑥对每一位客户均应热情道别，并感谢其参与试驾。

⑦客户离店后，销售顾问应填写"试乘试驾记录表"，应包括客户姓名、联系方式、反馈意见、试驾车型、试驾时间、试驾路线、销售顾问等信息。

友情提示

在试乘试驾过程中不要提及价格。

在试乘试驾过程中介绍能激起客户兴趣的内部配置和特征。

在试乘试驾过程中确认车辆是否符合客户的需求。

五、报价成交

报价商谈是在销售顾问和客户建立充分信任后再展开的，通常关系到销售能否顺利成交。同时，客户的异议也会出现在这个阶段，因此销售顾问应该详细解说所有相关文件，并考虑到客户的实际需求和他所关心的问题。

1.报价前的准备

①确保销售顾问有一整套完整的材料以完成这笔交易，必要的文件应用一个写有客户姓名的信封装起来；同时准备好所有必要的工具，如计算器、签字笔、价格信息和利率表等。

②了解本地同品牌其他4S店的价格。

③了解潜在客户的详细信息，包括工作性质、住址、生日、具体的付款人等。

2.产品报价的相关事宜

①请客户确认所选择的车型，以及保险、按揭等代办手续的意向。

②根据客户需求拟订销售方案。

③对报价内容、购置程序、付款方法及各种费用进行详尽易懂的说明，耐心回答客户的问题。

④再次总结产品的主要配置及客户利益。

⑤让客户有充分的时间自主审核销售方案。

3.签订合同的相关事宜

①准确填写合同中的相关资料。

②与销售经理就合同内容进行确认并得到其认可。

③专心处理客户签约事宜，谢绝外界一切干扰，暂不接电话，表示对客户的尊重。

④协助客户确认所有细节，请客户签字后把合同书副本交给客户，并感谢客户。

友情提示

面对客户决定暂不成交的处理方法：

● 应了解客户的疑虑，再逐一说明确认，同时应站在客户立场，不得对客户施加压力，应给客户足够的时间及空间考虑。

● 可根据客户的需求，进行专业引导，消除客户的疑虑，再次总结并说明产品及服务的优点。

● 根据客户基本资料，制订后续跟踪的计划。

● 当客户选取其他品牌产品时，应婉转请求客户告知选择其他品牌的原因。

4.签约成交后的相关事宜

①销售人员根据实际情况与客户约定交车时间。

②签约后到交车前，保持与客户的联络，至少每周与客户联络一次，让客户及时了解车辆的准备情况，避免订单流失。

③销售人员确认配送车辆后，提前通知客户准备好余款。

④销售人员进行余款交纳的跟踪确认，直至客户完成交款。

> **做一做**
>
> 两人一组分别扮演客户和销售顾问，完成报价成交流程。

六、完美交车

交车是目前许多4S店比较薄弱的环节，大多销售顾问感觉销售已经实现，所以对于交车环节重视不够。其实，交车是客户最兴奋的时刻，培养忠诚客户主要由此环节开

> **友情提示**
>
> 前期对客户的承诺在交车环节必须一一兑现。

始。销售顾问如果在交车过程中细致周到，提升了客户满意度，令客户对交车过程留下难忘的印象，能够为售后跟踪联系作好铺垫。

具体的交车过程如下：

1.交车前的准备

①4S店应设置专门的交车区，由专人负责整理清洁。

②确认客户的付款条件和付款情况，以及对客户的承诺事项，完成新车整备，并签名确认。

③确认并检查车牌、登记文件和《保修手册》，以及其他相关文件等。

④交车前3天内电话联系客户，确认交车时间、参与人员，并简要告知客户交车流程及交车时间。

⑤交车前1天再次电话联系客户，确认交车相关事宜。

⑥若交车日期推迟，及时与客户联系，说明原因和处理方法，取得客户谅解并再次约定交车日期。

⑦销售顾问需在交车前一天确认待交车辆的车型、颜色、附属品及基本装备是否齐全；确保外观无损伤；确认待交车辆上的车身号码和发动机号码是否与车辆合格证上登记的一样；确认灯具、空调、方向灯及收音机是否操作正常；先行将待交车辆上的时间与收音机频道设定正确。

2.交车客户接待

①交车客户到达时，销售人员提前10 min到门口迎接，态度热情。

②如客户开车到达时，销售顾问应主动至停车场迎接。销售顾问在迎接客户时需保持面带微笑，并恭喜客户本日提车。

③销售顾问可先邀请客户至交车区查看新车，然后告知客户尚有手续要办，随后引领客户至洽谈桌。

3.交车文件交付说明

①销售顾问将客户引导至洽谈桌说明交车流程及所需时间。

②出示"客户交车确认表"，并说明其用意。

③清算各项费用，交付上牌手续和票据。

④解释车辆检查、维护的日程，重点提醒首次保养的服务项目、公里数和免费维护项目。

⑤利用《保修手册》说明保修内容和保修范围。

⑥介绍售后服务项目、服务流程及24小时服务热线。

⑦移交有关物品和文件：《用户手册》《保修手册》、购车发票、保险手续、行驶证、车辆钥匙等，并请客户确认。

4.实车操作说明

①销售人员陪同交车客户进行车辆检查。

②主动帮客户开启车门，并示意请客户坐在驾驶座上，销售顾问则坐在副驾驶座上。如交车当日客户偕伴同行时，应请客户同伴坐在副驾驶席上，自己坐在车后座。

③按客户对车辆的了解程度与特殊要求对操作使用方式进行说明。

5.交车确认

①将客户再次引领到洽谈桌。

②根据"交车确认表"，与客户逐一核对，并请客户签名。

③准备"客户资料袋"，将所有证件、文件、手册、名片放入资料袋内，并将其交给客户。

④介绍销售经理、售后经理和售后服务人员与客户认识。

6.交车仪式

①销售经理、售后服务经理、销售顾问、售后服务人员一起列席参加交车典礼。

②销售顾问向客户赠送鲜花和精美小礼物，并在新车前合影留念。

③销售展厅内其他空闲的工作人员应列席交车典礼并鼓掌以示祝贺。

7.送别客户

①销售顾问应确认与客户的联系方式，并简述后续跟踪内容。

②客户离开时，销售经理、售后服务经理、售后服务人员和销售顾问应在展厅门外列席送客，直到客户开车远离其视线为止。

③客户离去后，销售顾问应及时整理客户资料。

④预估客户到达目的地的时间，致电确认安全到达。

任务拓展

1. 电话接待

电话接待是通过电话把销售人员、公司、产品和品牌销售给客户，同时尽可能多地了解客户的信息，为跟踪客户及客户来店接待打下基础。

2. 如何做到良好的电话接待

①接电话动作要迅速，在铃响3~5遍时接起，应答问好。

②问候语要简洁、明快，标准为"您好，××特约店，我是这里的销售人员××，很高兴为您服务，有什么需要我帮助的吗？"

③销售顾问要认真对待每一个咨询电话，不管客户语气、态度如何，购车意向是否强烈，都要当成有希望成交的潜在客户。

④声音要清晰、甜美，态度要热情，就好像对方（客户）在眼前一样，整个过程要面带微笑。

⑤让客户感觉真诚，并能够体会到销售顾问愿意提供帮助的意愿。

⑥主动倾听，适时运用提问技巧了解并确认客户的来电目的。

⑦与客户形成双向交流，尽可能多地了解客户信息。

⑧重要内容或不明白的内容，要请客户重复一遍。

⑨了解客户感兴趣的车型及用途，并进一步判断客户对车辆的真实需求。

⑩避免过早地与客户讨论价格问题，在客户没有完全了解产品的价值前，价格商谈只会让我们处于不利的境地

⑪让客户认识到留下联系信息对他有益。

⑫在整个接电话过程中，把握每个机会去获取对方的联系信息。

⑬邀请要热情，同时要讲述展厅可以提供的服务项目，如试乘试驾。

⑭用"二择一"等方法，帮助客户明确来店时间。

⑮在客户同意来店时要表示感谢，并表达想为客户进一步提供服务的意愿。

⑯要在邀请客户来展厅的同时，告诉客户本公司和本人的联系方式。

⑰态度始终如一，亲切、热情。

⑱不管最终与客户交流的结果如何，在结束时要感谢客户致电，并道"再见"，表达希望在展厅再提供更好服务的愿望。

⑲应在客户放下话筒后再挂断电话。

⑳记录及时，内容要详细、真实。

㉑重要客户信息要及时上报销售经理。

（来电接待过程中最好的结果是除了满足客户的需求外，能够让客户主动告知联系方式，并答应来展厅洽谈）

3. 销售顾问要有目的性地提出问题

①开放式提问的目的是用来收集信息，用"谁、什么、何时、何地、为什么、如何"等字句来进行提问。②封闭式提问的目的是用来确认信息，从逻辑上来说，此类问题可以用"是"或"不是"来回答。

例如：

一般性问题 —— 过去或现在　　"您过去开过什么车？"

辨识性问题 —— 现在或未来　　"您现在希望买一台什么样的车？"

连接性问题 —— 未来　　　　　"您觉得2.0L的β发动机怎样？"

a.展开法

例如：您可以进一步谈一下您对发动机性能的看法吗？

b.澄清法

例如：您对时尚汽车的定义是什么？

c.重复法

例如：就是说您认为四轮驱动是没有必要的。

d.总结法

例如：好，您对车的要求是马力强劲，外观时尚。还有其他要求吗？"

4. 成功而令人满意的试乘试驾要点

每次都应根据车辆动态方面的特有强项以及每位客户的特别需求，对试乘试驾进行量身定制。研究表明，下列要点能够增加客户对试驾的满意度：

①主动提供试乘试驾机会。

②在试乘试驾过程中，选择常见类型的路面。

③试乘试驾过程不应太仓促，以15~20 min为宜。

④试乘试驾是一个展现车辆众多卓越特色的极好机会。

5.试乘试驾过程中的安全注意事项

①在开始行驶时，确认车内每个人的安全带都已系好。

②将车开出特约店后，应选择安全的地方和客户交换驾驶。

③在客户试驾的过程中，如果销售顾问预见到任何危险，都应坚决要求客户将车停到安全的地方，改试驾为试乘。

任务检测

一、填空题

1.接待流程包括_____、_____、_____、_____、_____、_____ 6个环节。

2.六方位绕车的6个方位分别是_____、_____、_____、_____、_____、_____。

二、选择题

1. 销售顾问在进行车辆介绍的时候，不得超过（　　）min。

　A. 5　　　　B. 10　　　　C. 15　　　　D. 20

2. 交付车辆时，销售顾问应该提前（　　）min到达门口，迎接顾客。

　A. 5　　　　B. 10　　　　C. 15　　　　D. 20

3. 完美交车的时间为（　　）min。

　A. 3~5　　　B. 10~15　　C.15~30　　　D. 30~45

三、简答题

1. 汽车销售流程的9个环节是什么？
2. 为什么顾客是营销的中心要素？
3. 汽车销售顾问需要具备哪些素质？

评价与反思

评价表

序号	考核项目	考核内容	配分	评分标准	得分
1	沟通接待	沟通接待客户的要求	10	能说出接待客户的基本要求	
2	需求分析	分析客户需求	20	能说出分析客户需求的基本方法	
3	车辆介绍	六方位绕车介绍	20	能说出六方位绕车介绍的6个方位	
4	试乘试驾	试乘试驾的注意事项	20	能说出试乘试驾过程中的各种注意事项	
5	报价成交	报价成交的主要内容	20	能说出报价成交过程中的主要服务内容	
6	完美交车	交车过程	10	能说出交车过程中的主要事项	

反思

1. 车辆介绍是越多越好，还是针对性越强越好？
2. 有哪些方法可以帮助培养忠诚客户？

任务三　接待后的流程

任务描述

接待后的流程只涉及售后跟踪环节。售后跟踪是保持客户忠诚度的重要前提，也是收集客户的购车情报、导入潜在客户开发的主要环节。优秀的销售顾问都拥有自己相对稳定的客户关系网络，会根据客户的重要程度确定与其保持沟通的频次，以维系一种相互信赖的关系，而这种关系正是销售顾问赖以成功的秘诀。

任务目标

通过本任务的学习，你应能：

★ 熟练掌握售后跟踪服务流程；

★ 独立完成客户信息跟踪。

建议课时：2课时。

任务实施

售后跟踪的目的是继续促进双方之间的长期关系，维持客户满意度，保证客户的回头率。建立定期跟踪机制，可为4S店发掘更多的商机，增加4S店的经济效益。

一、售后跟踪的准备

①查阅客户基本信息，确认重点内容，包括姓名、电话、购买车型及投诉等，制订跟踪计划。

②准备相应的文件。

二、新车交车后的跟踪

①销售顾问在交车后三天内与客户电话联系，关心新车使用情况。

②交车后一周内，销售顾问将交车仪式的照片寄送给客户。

③销售顾问需将客户反馈信息详细地记录在客户管理卡上。

④4S店的市场部经理应在交车后一周内致电客户，作购车致谢与客户满意度调查。

⑤销售顾问应趁客户对车辆使用状况有好感时，请其推荐有购车意愿的潜在客户。

三、定期联系跟踪

①销售顾问应制订客户跟踪管理计划，销售经理每两周抽查一次。通过电话、信件、短信或微信等形式与客户保持联系，关心客户的用车情况。

②交车后每三个月应主动联系客户了解其使用状况，每次跟踪后将用户信息填入售后服务跟踪记录表，如图3-3所示。

③主动请客户提供可能的潜在客户购买信息。

④若有相关促销活动，主动热情地邀请客户参加。

⑤每次跟踪前检阅客户的维修保养记录，做定时、定程保养的邀请。

| 公司logo | ××××有限公司 |

售后服务跟踪记录表

产品名称		使用单位	
产品型号		通讯地址	
产品用途		安装投运时间	
用户经办人		电话		传真	

用户不良反应	

服务类型	□维修　　□更换　　□通电调试　　□指导安装　　□其他

故障维修及 处理情况	

| 厂部维修员及日期
（签字） | | 用户检验员及日期
（签字） | |

部件更换	部件名称	数量	总价

以上资料需认真如实填写，
并请及时传真至上海长城开关厂有限公司售后服务部：021-57580000

售后服务好评	

地址：×××××××　　　电话：××××-××××××××　　　传真：×××-×××××××
12/15/2010　11:50:12 AM

图3-4　售后服务跟踪记录表

> **做一做**
> 两人一组分别扮演客户和销售顾问，完成售后跟踪流程。

任务检测

一、填空题

客户基本信息包括：＿＿＿＿＿＿、＿＿＿＿＿＿、＿＿＿＿＿＿、＿＿＿＿＿＿。

二、选择题

1. 销售顾问应制订客户跟踪管理计划，销售经理每（   ）周抽查一次。

  A. 1   B. 2   C. 3   D. 4

2. 每（   ）个月进行一次售后跟踪联络，做定时、定程保养的邀请。

  A. 1   B. 2   C. 3   D. 4

三、简答题

客户售后跟踪时，需要了解哪些信息？

评价与反思

评价表

序号	考核项目	考核内容	配分	评分标准	得分
1	售后跟踪	售后服务跟踪表的填写	20	表格内容的全面性、实用性	
			20	其他资料的实用性及全面性	
			20	预计取得额外成效	
			20	预计客户反馈结果	
			20	能否成就忠实客户	

反思

1. 车辆交付以后不就完事了嘛，为何还要跟踪客户？

2. 有哪些方法能够促成客户到所在4S店进行维修和保养？

项目四 「六方位」绕车介绍

随着汽车市场竞争日趋激烈，销售顾问如果依然采用简单地介绍产品功能、价格的方式，已不能获得目标客户的信任，这对销售顾问的销售能力提出了更高的要求。在销售过程中，销售顾问围绕汽车的车前方、驾驶室、车后座、车侧、车后方、发动机舱6个方位展示汽车，让客户更全面地了解汽车的外形和功能，以此能达到销售的目的，同时还提高了客户的满意度。

任务一　车前方介绍话术

任务描述

本任务主要是讲解如何对不同车型车前方的特点和优势进行归纳，并针对不同客户重点介绍其可能关心的要点。

关键点：车前方介绍、销售策略、销售话术。

任务目标

完成本任务的学习后，你应能：

★ 掌握汽车车前方各部件的名称；

★ 对车前方位置讲解介绍；

★ 运用不同方式介绍车前方；

★ 熟练运用普通话和销售话术。

建议课时：4课时。

任务实施

大多数汽车制造厂根据产品的特点和目标群体的需求开发有"销售话术"，销售顾问可用其向顾客仔细展示所推介车辆。此环节中，销售顾问除介绍产品特点外，还需将产品特点与消费者的利益进行结合，帮助顾客对比竞争产品，从而作出更好的选择。此环节体现了销售顾问的专业性。

汽车介绍方式主要包括以下几种：

①抒情式：不直言其事，把介绍说得含蓄、婉转一些。

适合人群：青年人、考虑与犹豫的客户。

地点：4S店。

特点：能站在顾客的角度，把车的运动感介绍得活灵活现。

②传统式：也叫直白式介绍，简单直接，不增加过多修饰语。

适合人群：中年人、有兴趣购买的客户。

地点：4S店。

特点：简单质朴的介绍方式，将顾客看重的地方介绍得细致而稳重高雅。

③亲和式：语气温和，娓娓道来。

适合人群：女性顾客。

地点：4S店。

特点：温柔亲切，让顾客容易对销售顾问产生信赖，从而完成汽车交易。

车前方介绍主要是将车辆的外观、产品的概念、设计主题、质量、宽阔的平面等逐一阐明，并且使顾客对车辆的发展历史和设计理念有个大致的了解。汽车的正前方是顾客最感兴趣的地方，当汽车销售顾问和顾客并排站在汽车的正前方时，顾客会注意到汽车的标志、保险杠、前车灯、前挡风玻璃、雨刮设备以及汽车的高度等。

<table>
<tr><td>—— 友情提示 ——</td></tr>
<tr><td>介绍卖点方向引导的要点：
①五指合并，并指向所示方向。
②视线放在对方的眼睛正前方。
③保持灿烂的表情。</td></tr>
</table>

车前方介绍要点：

①车辆前方的整体设计效果。

②车前方前格栅的形状和作用。

③车前方前照灯的设计。

④重点突出车前方的设计特点。

一、北京现代ix25车前方介绍的话术

抒情式车前方介绍：

①整体设计特点：越野模式。

②前格栅的设计特点：六边形的锋芒格栅。

③车前方大灯的设计特点：凸镜式设计。

④辅助照明的设计特点：节能安全。

例如：我们先来到ix25的车前方（图4-1），激情源于一见倾心，看到它的第一眼，一股强有力的征服感油然而生，其前方的整体设计体现出了off-Road（越野模式）精神。ix25配有大面积六边形的锋芒格栅，被全覆盖前保险杠分割为两层。大面积的格栅除了美观之外，对于发动机的冷却效果也有很好的提升。再完美无瑕的"脸部"也需要一双美丽的眼睛点缀其中，ix25的投射式前大灯采用了凸镜式设计，聚光性能更加强大，大大提高了夜间行车的安全性，同时，投射式前大灯具备了延时关闭以及转向辅助照明等功能。特别是转向辅助照明功能，可以增大转弯时侧向的视野范围，在没有路灯的乡村道路和狭窄的小区路口的效果更加明显。除此之外，LED日间行车灯的光源更加节能，也更加明亮。在白天行车时十分醒目，使车辆或行人能够在第一时间感受到ix25的气息，保证了日间行车的安全。

图4-1　ix25车前方

二、上海通用雪佛兰科鲁兹车前方介绍的话术

传统式车前方介绍：

①整体设计特点：紧凑型轿车。

②前大灯的设计特点：四边形前大灯。

③前格栅的设计特点：蜂窝式网状。

④挡风玻璃的设计特点：曲面设计。

图4-2 雪佛兰科鲁兹车前方

例如：科鲁兹（图4-2）是雪佛兰汽车公司出品的一款紧凑型轿车。科鲁兹具有阳刚动感的外形和年轻时尚的内饰，油耗较低，它生动地重塑了传统三厢轿车的车型特征，并进一步凸显出雪佛兰品牌全球最新的设计语言，这将成为未来所有"金领结"车型的设计符号。

从前脸看这辆科鲁兹，极具运动特性，带有一体式不规则的锋锐箭头四边形前大灯，其面积很大，增大了转角，提高了夜间照明时行车的安全性。它的上下分层式中网设计沿用了近年来的雪佛兰车型上最经典、最通用的设计，金光灿灿的雪佛兰徽标镶嵌在中网中间，很霸气，蜂窝式的中网也是其运动基因的体现。本款1.6手动豪华版车型还配有雾灯，提高了在恶劣条件下的行车安全性。曲面设计的前挡风玻璃视野良好，倾斜度适中，并带有防UV隔热的功能，为您能够娴熟地驾驶本款车提供了条件。

三、大众迈腾亲和式车前方介绍的话术

例如：您好！××先生/女士，很高兴今天由我来给您讲解迈腾这款车（图4-3）。现在我们站在车的左前方45°，是欣赏车的最佳位置，请您先欣赏一下。

—— 做一做 ——

总结大众迈腾车前方的介绍要点。

感觉怎么样？是不是非常棒？您看它的外形设计，时尚、动感的线条贯穿车身，动感之中彰显大气、稳重，它采用大众辉腾家族的最新设计理念，吸取大量辉腾的设计元素，是大众品牌的准旗舰车型，号称"小辉腾"。

请您随我来看一下迈腾的前脸，采用亚光跟亮光两种模式的高品质镀铬装饰亮条，中间镶嵌象征着德国大众LOGO的"VW"标志。两边对称的"璀璨矩形"的双氙气大灯，它的亮度是普通大灯亮度的3倍，照射范围也提高了10%，还采用了凸透镜设计，具有良好的聚光性，这样大大提高了您在夜间行驶的安全性。而且新迈腾采用了先进的AFS智能前

图4-3 新迈腾车前方

大灯，它会自动根据当时的路面上下左右自动调节到最佳的照射范围，而且在阴雨天和高速行驶时会自动开启。您夜间、雨天行驶时，转动方向盘前大灯会随之转动，而且下面的雾灯自动点亮，方向回正后自动熄灭，具有静态自动补光功能。这样提高了照射范围跟角度，使您能够更好地看清远处的障碍物。还带有大灯清洗功能，这样大大提高了在高速和夜间行驶的安全性，给您和家人带来更安全的保障。

请您跟我来看迈腾的前风挡玻璃，它采用迈腾十大静音技术之一的5层绿色隔热玻璃，是同级车中独有的带消音薄膜的前风挡玻璃，它能有效地防止紫外线的照射并隔热。

请您随我看一下新迈腾车的雨刮器，它是智能无骨翼雨刮器，可以根据车速的快慢/雨量的大小自动调节刮水的频率。采用了空气动力学设计元素，其特点是刮水刮得特别干净，为您提供一个清晰的视野，保证您在雨天行驶的安全性。而且它具有自我保护功能，如刮水过程中碰见障碍物，或者冬天被雨雪冻住了，它会连续刮5次，如都无法逾越，会很"聪明"地停下来，自行关闭，避免电机被烧毁。

新迈腾这款车的前后保险杠缓冲区加强防撞钢梁（热成型钢板）面装饰杠，当我们的车以正常速度行驶时发生碰撞，中间的缓冲区会起到一个缓冲吸能的作用；在高速行驶时，里面的加强防撞钢梁能更有效地保护您跟家人的安全。

练一练

两人或者三人一组分别扮演销售顾问和顾客，完成对自己熟悉的一款车的车前方介绍。

任务检测

一、填空题

1. 车前方介绍主要是将车辆的_____、_____、_____、_____等方面逐一阐明，并且使顾客对车辆的发展历史和设计理念有个大致的了解。

2. 北京现代ix25前格栅特点：_____。

3. 雪佛兰科鲁兹前格栅特点：_____。

4. 大众迈腾大灯特点：_____。

二、选择题

1. 对于犹豫不决的客户，采用以下哪种介绍方式最不好？（　　）

    A. 抒情式　　　　　　B. 传统式　　　　　　C. 亲和式

2. 汽车销售人员在销售车辆前方时应介绍车辆以下的哪些内容？（　　）

    A. 汽车车标　　　　B. 汽车大灯　　　　C. 汽车前格栅　　　　D. 以上都有

3. 有关汽车前脸主要介绍哪些？（　　）

    A. 大灯　　　　　　B. 雾灯　　　　　　C. 前格栅　　　　　　D. 以上都有

三、简答题

1. 你觉得前格栅的作用有哪些？

2. 关于待售汽车的知识，汽车销售人员应知道哪些？

3. 汽车产品服务指的是什么？

四、拓展题

如果是你去介绍车的前脸，你会怎样介绍？

评价与反思

评价表

序号	考核项目	考核内容	配分	评分标准	得分
1	汽车前方内容的介绍	（1）介绍车辆前方整体设计效果 （2）介绍车前方前格栅的形状和作用 （3）介绍车前方前照灯的设计 （4）重点突出车前方的设计特点	20	考核内容选3种方式介绍	
			20	能流畅运用话术表达	
			20	能熟练进行情景模拟	
2	口语表达	（1）发音标准 （2）语言表达流畅 （3）语言严谨具有感染力	20	能运用标准的文明用语	
				能注意仪容仪表仪态	

反思

1. 针对现代ix25车前方介绍，还有没有更好的介绍方式？

2. 针对车前方介绍，是否需要增加项目和减少介绍项目？

3. 针对车前方介绍，是否有必要介绍车标？

任务二 驾驶室介绍话术

任务描述

汽车驾驶室对于购车者而言是最为重要的部位之一，是驾驶员亲身感受驾驶的最佳位置，所以对驾驶室的介绍要细致全面，紧紧抓住顾客的心理，突出亮点。汽车驾驶室主要体现车配置的丰富性和驾驶的操控性。驾驶室的设备及其参数比较繁杂，销售顾问要能详细地为顾客介绍。

关键点：驾驶室介绍、销售策略、销售话术。

任务目标

完成本任务的学习后，你应能：

★ 掌握汽车驾驶室中各部件的名称；

★ 运用不同方式介绍驾驶室；

★ 熟练运用普通话和销售话术。

建议课时：4课时。

任务实施

驾驶室介绍是客户直观体验车辆的过程。汽车销售人员可以鼓励客户进入车内，先行开门引导其入座。最好让客户进行实际操作，同时进行讲解和指导，介绍内容应包括座椅的多方位调控、方向盘的调控、开车时的视野、腿部空间的感觉、安全气囊、制动系统的表现、音响和空调等。

驾驶室介绍要点：

①方向盘上的控制按键；

②内饰设计（如一键启动、仪表盘、恒温空调、加热座椅及天窗）；

③驾驶室内的隔音效果。

一、北京现代ix25驾驶室介绍的话术

抒情式驾驶室介绍：

①方向盘上的控制按键：提供多种快捷操作方式。

②内饰设计特点：体现全方位的舒适感。

③驾驶室内的隔音效果：采用吸音隔振材料。

例如：让我们一起来感受一下整车最具动感的部分——驾驶席（图4-4），激情源于融入其中，进入驾驶席，马上能感受到年轻的内饰设计风格与人性化内部空间的完美融合。ix25的真皮方向盘上配备了音响、蓝牙、定速巡航、行车电脑等多种功能的快捷操作

方式，在车流涌动的都市道路上，真正意义上为您实现了手不离盘、目不离路的安全驾驶方式。

图4-4　驾驶席

ix25为您打造了高科技智能钥匙一键启动系统（图4-5），它具备了无钥匙进入和一键启动功能。ix25独具匠心设计的超级仪表盘（图4-6 ），采用了双表盘设计风格并在其中融入了行车电脑的显示功能，其中文信息显示一应俱全，拥有它就如同拥有了一个汽车"保姆"。自动恒温空调（图4-7）不仅可以提供恒定的温度，而且空调旋钮随温变色的设计还可以让您对车内的温度情况一目了然。将空调旋钮旋至AUTO挡，就可实现自动除雾功能。ix25独有的离子发生器可以产生负离子，达到净化空气、清除细菌的效果，让您可以在车内感受到大自然的清新与畅快。ix25的真皮座椅能让人体验全方位的舒适感，其座椅骨架符合人体工程学设计，具备了电动调节功能和前排座椅加热功能。

图4-5　一键启动系统

图4-6　仪表盘

图4-7　自动恒温空调

更能使您释放激情的是ix25的全景天窗（图4-8），ix25配备了超越同级车的全景天窗，采用隐蔽式设计，1 690 mm×980 mm的超大面积可以让车内采光更好，带来舒适的阳光，尽享驾车生活。

图4-8 全景天窗

ix25配备了6个安全气囊，为您提供了全方位的安全防护。作为一款都市SUV，在城市中行驶的舒适性是所有人都期盼的。全车大量使用吸音隔振材料和低噪声零部件集成，能有效抑制行车过程中所产生的噪声和振动，兼顾了稳重的同时又不失动感时尚的风采。

二、上海通用雪佛兰科鲁兹驾驶室介绍的话术

图4-9 科鲁兹驾驶室

传统式驾驶室介绍：

①驾驶室内饰做工特点：精致典雅。

②驾驶室内饰设计特点：简约时尚。

③驾驶室座椅设计特点：PVC混搭座椅。

例如：走进车内（图4-9），首先该车给我们的第一感觉是该款科鲁兹的做工非常精致典雅，造型前卫。环抱式的中央面板，以及左右对称的设计很具亲和力，让驾驶员坐在其中便有驾驶的冲动。车前内饰板的设计与色彩和前排座位相呼应，同时从中央仪表盘处向两边对称延展，赋予驾驶者和乘坐者同样的驾乘体验。圆炮筒的仪表盘（图4-10）加上冰蓝色的背光灯，看起来非常清爽。中控台的设计层次分明，配色时尚，便于操作，其上的储物空间也很合理。在中控台上面整合了单碟CD播放系统（带MP3功能）（图4-11），

并且在中央扶手处有外接音源接口,这也是在同级车中领先的,另外,它的中央扶手是带滑动功能的,其上有便携式烟灰缸、杯架等。三辐式真皮方向盘握感极佳,短小粗壮的手动变速杆手感同样厚实。本款科鲁兹采用的是手动四向调节的质感织物PVC混搭座椅,其优点是夏天不烫,冬天不凉,并且更容易清洗。

图4-10　仪表盘

图4-11　CD播放系统

三、大众迈腾驾驶座介绍的话术

例如:迈腾的内部(图4-12)看起来高档精致,用料讲究,具有典型的德国味。高档车专用的内饰氛围灯和门槛压条,带有点亮的"Magotan"字样的迎宾踏板,夜晚使用非常有情调。迈腾的仪表盘采用新一代多

> **做一做**
>
> 总结大众迈腾驾驶室的介绍要点。

功能仪表显示屏,它能显示车速、转速、里程、油耗、水温,发动机、驻车、安全气囊示意灯。迈腾的仪表盘还具有一台行车电脑,它能设置和显示多种数据。它可以:a.查看瞬时油耗、平均油耗、行驶时间及里程;b.设定报警时速,防止驾驶人员超速;c.控制音响音量,跳前一首或后一首歌;d.通过蓝牙接打电话;e.调节车辆灯光模式等。

图4-12　迈腾驾驶座

迈腾采用了桃木横向装饰条,纵向全真铝装饰盖板,显得既高档又美观。迈腾采用了10项噪声控制技术,对噪声的控制达到了一两百万元的进口辉腾C级车的水平,其不光针对发动机、行驶时的路噪和风噪进行防护,对行驶时车内物品晃动可能产生的噪声也加以预防。手套箱及杂物斗内部都采用植绒面料,非常高档。

迈腾配备了双区空调,两边可以设不同的温度,还能精确到0.5 ℃,非常实用,其空调面板也非常精致。

迈腾的收音机（图4-13）可显示OPS倒车信息、空调信息，可以同时放入6张CD，音量还能随速调节，自动降低音量。其音响采用了顶级的丹拿汽车音响，配有10个喇叭，总输出功率达600 W。

它还拥有很多高科技电子设备，如ACC自适应巡航、ESP电子稳定程序，可以使车辆在高速行驶转弯出现转向不足时能自动补力调整，转向过度时也能自动调整，有效防止侧滑现象发生。EPB电子手刹车、Auto Hold功能（图4-14），当车辆启动时，只要驾驶员轻踩油门，刹车系统就会自动解除刹车。

图4-13　收音机

图4-14　电子手刹（Auto Hold）

练一练

两人或者三人一组分别扮演销售顾问和顾客，完成对自己熟悉的一款车的驾驶室介绍。

任务检测

一、填空题

1. 列出你知道的电子设备＿＿＿＿＿＿＿＿＿＿＿＿＿＿＿＿＿＿＿等。

2. 科鲁兹PVC混搭指的是：＿＿＿＿＿＿＿＿＿＿＿＿＿＿＿＿＿＿

＿＿＿＿＿＿＿＿＿＿＿＿＿＿＿＿＿＿＿＿＿＿＿＿＿＿＿。

二、选择题

1. 迈腾的仪表采用新一代多功能仪表显示屏，显示的内容有（　　）。

　A. 车速　　　　B. 转速　　　　C. 油量　　　　D. 水温

2. 消费者需要经过深思熟虑才会作出购买决策的产品是（　　）。

　A. 便利品　　　B. 感性产品　　C. 理性产品　　D. 集中性产品

三、简答题

1. 简述汽车销售人员在汽车展示过程中需要注意的主要问题。

2. 汽车服务的整体概念是什么？

3. 汽车VIN码由哪几个部分组成？

四、拓展题

汽车电子设备还有很多，请列举你所了解的写在下面。

评价与反思

评价表

序号	考核项目	考核内容	配分	评分标准	得分
1	汽车驾驶室内容的介绍	（1）介绍方向盘上的控制按键	20	考核内容选3种方式介绍	
		（2）介绍内饰设计（如一键启动、仪表盘、恒温空调、加热座椅及天窗）	20	能流畅运用话术表达	
		（3）介绍驾驶室内的隔音效果	20	能熟练进行情景模拟	
2	口语表达	（1）发音标准	20	能运用标准的文明用语	
		（2）语言表达流畅			
		（3）语言严谨，具有感染力	20	能注意仪容、仪表、仪态	

反思

1. 针对现代ix25驾驶室介绍，还有没有更好的介绍方式？

2. 针对驾驶室介绍，是否需要增加或减少介绍项目？

任务三　车后座介绍话术

任务描述

本任务主要是学习车后座讲解，能对不同车型后座的特点和优势进行归纳，能够针对不同客户的使用需求，作出针对性的介绍。

关键点：车后座介绍、销售策略、销售话术。

任务目标

完成本任务的学习后，你应能：

★ 掌握汽车后座各部件的名称；

★ 运用不同方式介绍车后座；

★ 熟练运用普通话和销售话术。

建议课时：4课时。

任务实施

车后座的介绍主要包括舒适性、宁静性、便利性、安全性、座椅和后排空间等，重点体现宽敞舒适的后座空间，人性化的后座设计，宽敞的储物空间。

车后座介绍要点：

①后排座椅的设计空间。

②后排区域人性化的设计理念。

③儿童安全座椅和静音工程。

> **友情提示**
>
> 绕车介绍技巧包括：寻求客户认同，鼓励顾客提问，鼓励顾客动手，设定购买标准，冲击式介绍（FAB），抗拒预防。FAB意味着将产品的特性、优势、利益以及经销商的服务配合在一起，满足客户的需求。

一、北京现代ix25车后座（图4-15）介绍的话术

抒情式车后座介绍：

①后排座椅的设计空间特点：大轴距、舒适的乘坐感。

②后排区域人性化的设计特点：后排出风口使温度更适宜。

例如：激情源于身心舒畅，ix25作为一款硬派SUV座驾，人性化的内部空间设计自然超越同级，大角度后车门开启使后排乘客上下车时更加轻松自如。长达2 590 mm的轴距、942 mm的腿部空间、995 mm的顶部空间，以最真实的答案证明"大轴距带来了大空间"。为了更好地照顾到后排乘客，ix25配备了后排空调出风口，舒爽的适宜温度再也不是前排乘客的专利，这一切的美好都是北京现代对客户需求的关怀。在这里人性化内部空间的宽阔与车座的整体设计，让我们无限地释放青春与激情。

图4-15 ix25车后座

二、上海通用雪佛兰科鲁兹车后座（图4-16）介绍的话术

传统式车后座介绍：

①后排空间的合理布局：后排座椅按6:4的比例放倒。

②安全性和静音效果：配有儿童座椅固定装置，采用了NVH静音工程。

例如：后排座椅的空间也相对合理，不管宽度还是高度都很协调，为长短途的旅行奠定了基础，并且后排座椅可以按6:4的比例放倒，这为后备箱的扩充提供了条件。后排座椅

图4-16　科鲁兹车后排座

具有中央扶手,这也是同级别车中少有的。后排乘客将享有比一般紧凑轿车更宽裕的头部、肩部和腿部空间。后排还配有儿童安全座椅固定装置,有效地保护了后排儿童乘坐的安全性。整车采用了NVH静音系统,大大降低了噪声,使车辆的静谧性更好,乘坐舒适性更高。

三、大众迈腾车后座（图4-17）介绍的话术

亲和式车后座介绍:

例如:迈腾的后排座椅是真正的人体工程学座椅,满足乘坐者运动、舒适和安全的三重要求。人们家中的沙发座椅一般都比较软,因为房子是固定不动的,但汽车则完全不同,它是一个高速运动的物体,如果我们的座椅像家里的沙发一样软,那么开车时稍有颠簸,坐在车里的人员,摆动得将更严重,很容易累并引起不舒服。特别是易晕车的人,以及小孩、老人等,更是坐不得这样的车。迈腾的人体工程学座椅采用了两种硬度座椅设计,坐垫也很长,有效托起了我们的腰,腿也更放松,坐垫和靠背中间较软,两翼较硬,乘坐舒服,包裹性也非常好,长时间坐车也不会很累。迈腾座椅采用了国外进口精选的打孔皮小牛皮,运用先进无铬鞣制工艺,手感好,并经过防尘处理,显得特别高档。后排座椅还具有加热功能。前排头枕后面还有显示器,它是迈腾的车载影院（旗舰型装备）,采用液晶触摸屏,并可遥控操作,看碟、看电视、听音乐都可以,并且左右座椅可以分别看不同的节目,特别方便。

> **做一做**
>
> 总结大众迈腾车后座的介绍要点。

> **练一练**
>
> 两人或者三人一组分别扮演销售顾问和顾客,完成对自己熟悉的一款车的车后座介绍。

图4-17　迈腾车后排座

任务检测

一、填空题

1. 汽车后座介绍包括_____、_____、_____、_____等。

2. 雪佛兰科鲁兹车后座空间设计特点：_____。

3. 北京现代ix25车后座设计理念特点：_____。

二、选择题

1. 汽车六方位绕车介绍不包括（   ）。

    A. 车前后方　　　　B. 车左右方　　　　C. 车上下方

2. 汽车销售人员在介绍车辆后座时应介绍以下的哪些内容？（   ）

    A. 车后座空间　　　　　　　　B. 车后座设计理念

    C. 儿童座椅　　　　　　　　　D. 以上都有

3. 哪款汽车的旗舰版前排头枕后有家庭影院的显示器？（   ）

    A. 北京现代ix25　　B. 雪佛兰科鲁兹　　C. 大众迈腾　　D. 以上都有

三、简答题

1. 什么是产品组合？

2. 汽车营销理念经过了哪4个阶段？

3. 简述汽车销售人员在汽车展示过程中需要注意的主要问题。

四、拓展题

针对汽车后座介绍，你还有更好的方法吗？请写在下面。

评价与反思

评价表

序号	考核项目	考核内容	配分	评分标准	得分
1	汽车后座内容的介绍	（1）介绍后排座椅的设计空间 （2）介绍后排区域人性化的设计理念 （3）介绍儿童安全座椅和静音工程	20	考核内容选三种方式介绍	
			20	能流畅运用话术表达	
			20	能熟练进行情景模拟	
2	口语表达	（1）发音标准 （2）语言表达流畅 （3）语言严谨具有感染力	20	能运用标准的文明用语	
			20	能注意仪容、仪表、仪态	

反思

1.针对现代ix25车后座介绍，还有没有更好的介绍方式？

2.针对车后座介绍，是否需要增加或减少介绍项目？

任务四　车后方介绍话术

任务描述

　　本任务主要是作车后方介绍，需要知道在车后方应该介绍哪些部件，并能对各个部件的特点进行归纳，不能忽视各种设计细节的说明。

　　关键点：车后方介绍、销售策略、销售话术。

任务目标

完成本任务的学习后，你应能：

★ 掌握汽车各部件的名称；

★ 对车后方位置进行讲解介绍；

★ 运用不同方式介绍车后方；

★ 熟练运用普通话和销售话术。

建议课时：4课时。

任务实施

　　进行车后方介绍时，销售顾问应与客户都站在车的背后，距离车约60 cm，从行李箱的位置开始，依次介绍车尾部设计、高位刹车灯、后风挡、后雨刮器（如配备）、车尾标识、后备箱开启方式、后尾灯、后保险杠、倒车雷达（如配备）、后备箱容积、备胎、随车工具（如配备）。

　　车后方介绍要点：

　　①车后方后备箱的设计及空间。

　　②车后方刹车灯和尾灯的设计。

　　③车后方保险杠的设计。

一、北京现代ix25车后方（图4-18）介绍的话术

　　抒情式车后方介绍：

　　①后备箱的设计特点：超大容积。

图4-18 北京现代ix25车后方

图4-19 北京现代ix25 后备箱

②高位刹车灯设计特点：较好的安全提醒功能。

③LED组合尾灯设计特点：外凸设计。

例如：车后方激情源于坚实背影，拉开掀背式的后备箱大门，可以看到ix25的超大空间后备箱（图4-19），431 L的超大容积提供了领先于竞争对手的实用空间，其内部还配备了同级车中唯一的全尺寸备胎，为日常驾驶提供了更多的方便。ix25配备了后排座椅6:4折叠功能，旅行箱、折叠自行车等物品都能容纳，关上后备箱的大门，棱角分明的车尾设计硬朗而不失流畅感，中部明显的一条折线更令视觉效果增色不少。外凸设计的LED后组合尾灯彰显质感为整个车尾增添神采，时尚的背后拥有着更多的安全，具备了稳定车身与后方安全提醒功能的时尚尾翼带高位刹车灯。其尾翼不仅使整车的外形更加富有动感，更起到了引导空气气流、保障行驶车辆稳定性的作用。即使后方是驾驶位很高的大型货车也可以及时了解我们的驾驶状态，大大降低了危险发生的概率。

二、上海通用雪佛兰科鲁兹车后方（图4-20）介绍的话术

传统式车后方介绍：

①车尾的外形设计特点：饱满厚实。

②后备箱的设计特点：电动开启。

③尾灯和后保险杠的整体设计特点：高雅时尚。

例如：车尾设计可以说是饱满厚实的，分体式的后大灯面积仍然很大，这与前大灯的设计遥相呼应，动感但不夸张。外方内圆的设计也是很多豪华车上的配置，并且斜向延伸的造型很是流行，这显得科鲁兹很有明星范儿。虽然本车没有明显的扰流设备，但是车尾后备箱的末端略微升高，起到了扰流的作用，显得非常运动并且实用。下面我们再看一下后备箱的情况，它的后备箱可以用车门钥匙电动开启，开合阻尼适中，开启角度大，后备箱容积为400 L，因为它的形状很规整，所以完全可以满足您的出行需要。两个尾灯之间用一个宽大的镀铬饰条连接，尽显车尾动感高雅的时尚

图4-20 科鲁兹车后方

设计风格。后保险杠与整个车尾相搭配，显得非常圆滑且美观。

三、大众迈腾车后方（图4-21）介绍的话术

亲和式车后方介绍：

例如：迈腾的尾部设计高档稳重，镀铬装饰的后备

> **做一做**
>
> 总结大众迈腾车后方的介绍要点。

箱和保险杠、全LED尾灯组等设计元素让人看上去总有一

种自然的亲切感，尽显高档。从设计角度看，迈腾尾部的设计非常成功，它将迈腾正面豪华大气、侧面流畅典雅的视觉印象发展成尊贵高档的心理感受。尾灯的造型设计、硬朗的后保险杠线条、后备箱的平行线条和底边镀铬装饰条的搭配，突出了大众LOGO，使迈腾尾部的整体感觉是"稳重"而不是"笨重"。全LED尾灯组散发M形灯光，新颖大气，感觉非常气派。迈腾后面的风挡玻璃采用的是欧洲高端车专用的隐私玻璃，它可以有效减少光线及紫外线的射入，让车内成员更舒服。

> **练一练**
>
> 两人或者三人一组分别扮演销售顾问和顾客，完成对自己熟悉的一款车的车后方介绍。

图4-21　迈腾车后方

任务检测

一、填空题

1. 汽车尾部的灯光有：_____ 、_____ 、_____ 、_____ 等。
2. 雪佛兰科鲁兹后备箱的特点：_____ 。
3. 北京现代ix25后备箱的特点：_____ 。

二、选择题

1. 汽车销售人员在介绍车辆后方时应该介绍以下哪些内容？（　　）

　　A. 后备箱　　　　B. 刹车灯　　　　C. 后保险杠　　　　D. 以上都有

2. 介绍汽车后方时，需要距离车后方大约多远？（　　）

　　A. 10 cm　　　　B. 60 cm　　　　C. 1 m　　　　　D. 以上都不对

3. 以下哪款车型没有高位刹车灯？（　　）

　　A. 雪佛兰科鲁兹　　　　　　B. 北京现代ix25

　　C. 大众迈腾　　　　　　　　D. 福特蒙迪欧

三、简答题

1. 简述影响消费者行为的内在因素的主要内容。

2. 在具体的竞争策略选择中,通常需要考虑哪些因素?

3. 汽车企业定价主要有哪三类方法?速取定价策略和渐取定价策略分别适用于什么情况?

评价与反思

评价表

序号	考核项目	考核内容	配分	评分标准	得分
1	汽车车后方内容的介绍	(1)介绍车后方后备箱的设计及空间	20	考核内容选三种方式介绍	
		(2)介绍车后方刹车灯和尾灯设计	20	能流畅运用话术表达	
		(3)介绍车后方保险杠设计	20	能熟练进行情景模拟	
2	口语表达	(1)发音标准 (2)语言表达流畅	20	能运用标准的文明用语	
		(3)语言严谨具有感染力	20	能注意仪容、仪表、仪态	

反思

1. 针对现代ix25车后方介绍,还有没有更好的介绍方式?

2. 针对车后方介绍,是否需要增加或减少介绍项目?

任务五 车侧方介绍话术

任务描述

本任务主要是讲解如何进行车侧方介绍,除了介绍车侧方各部件的功能和特点外,还可以介绍一些功能以外的信息,如品牌的历史、车辆有关的奇闻逸事等。

关键点:车侧方介绍、销售策略、销售话术。

任务目标

完成本任务的学习后,你应能:

★ 掌握汽车车侧方各部件的名称;

★ 运用不同方式介绍车侧方；

★ 熟练运用普通话和销售话术。

建议课时：4课时。

任务实施

在车侧方介绍中，销售顾问应全面地将车辆的细节部分详述给客户，包括轮毂、车门把手等。走到一辆汽车的侧面，让客户听听钢板厚实或轻薄的声音，感受良好的出入特性以及侧面玻璃提供的开阔视野，体验一下宽敞明亮的内乘空间，客户就能将自身的需求与汽车的外在特性对接起来，再加上汽车销售顾问的介绍和赞美，客户更容易作出购买的决定。对于车辆的安全性能与安全配置的相关问题也可以同时进行介绍。

车侧方介绍要点：

①车侧方整体效果；

②电动后视镜的功能与设计；

③车身结构和材质；

④车的轮毂材质。

一、北京现代ix25车侧方（图4-22）介绍的话术

抒情式车侧方介绍：

①车侧方整体设计特点：流畅自然。

②后视镜的设计特点：电动折叠。

③车身结构和材质特点：采用超高强度钢。

图4-22 北京现代车侧方

例如：车侧方激情源于潇洒青春，ix25具有流畅自然、设计层次感极强的车身腰线。涂黑的悬浮式座舱，配合犀利的直行线条使得整个车顶大有悬浮的感觉，让人热爱不已。下部采用外凸式深色侧包围的护板造型，对视觉效果的提升起到了关键性的作用。

图4-23 电动折叠外后视镜

电动折叠外后视镜（图4-23）带电加热功能，不仅可以更轻松地调整外后视镜视角，同时集成了转向灯，造型更加统一美观。在电动折叠外后视镜下方是最具代表性的双五辐精致轮毂，它所带来的粗犷大气感，符合大众的审美需求，处处散发着青春活力的气息，再一次从ix25上面感受到年轻的味道，正所谓"好马配好鞍"，再好的车轮也需要高科技安全配置的支持和保障。SUV在大家心目中是安全的象征，车身结构也是大家所关注的部分，车身材料的超高强度钢的使用比例高达33%，其车身结构的优化程度大大领先于同级车型，没有了后顾之忧，只剩下驾驶ix25尽情驰骋的快感。

二、上海通用雪佛兰科鲁兹车侧方（图4-24）介绍的话术

传统式车侧方介绍：

①车侧方外形的设计特点：时尚和动感；

②后视镜的设计特点：电动调节；

③轮毂的设计特点：五辐式铝合金。

图4-24 科鲁兹车侧方

例如：科鲁兹的侧面设计非常时尚和富有动感，发动机凹槽上的线条一直延伸至A柱，并且高耸的腰线搭配车门下侧内凹的车线，一起构成了科鲁兹侧面立体的车侧线条，动感又不失饱满。恰到好处的镀铬车窗线条很是亮眼，并且圆滑的外后视镜设计也同样贴近整车的设计风格，还带有电动调节，为驾驶者提供了人性化的使用感受。

本款科鲁兹采用了16寸的五辐式铝合金轮毂（图4-25），五辐式的铝合金运动轮毂为这款手动豪华版的科鲁兹又增添了运动的特质，这在同级别车中也是领先的。205 mm的轮胎完美地搭配整部车，宽度适中，与整车很是协调，且拥有良好的抓地力。

图4-25 科鲁兹车轮毂

科鲁兹采用的是车架一体式结构，全车采用了超过65%的高强度钢材，达到五星碰撞标准。A柱钢板厚度达1.7 mm，在车辆发生正面撞击时，车身不易变形。一次冲压成型的B柱车身采用结构胶工艺，双重保证了关键连接处的抗拉、抗扭强度。这为驾乘人员的安全提供了保障。

三、大众迈腾车侧方（图4-26）介绍的话术

例如：迈腾的车长为4 868 mm，宽为1 820 mm、高为1 470 mm，前轮距为1 552 mm，

后轮距为1 551 mm，使迈腾符合了四平八稳的设计原则，开起来不但大气，而且平稳。迈腾的侧面设计流畅典雅，将轮廓线、镀铬饰条、强健的车身线条处理得非常和谐、美观。迈腾低风阻的后视镜集成了转向灯，外观很漂亮，停车后还可以遥控折叠，有效防止了外剐碰，减少了麻烦。后窗采用欧洲高端车专用的隐私玻璃，可有效减少紫外线的照射，让车主感觉舒适和尊贵。

图4-26 大众迈腾车侧方

做一做

总结大众迈腾车侧方的介绍要点。

迈腾的车身（图4-27）采用了空腔热灌蜡（有效地防止里面的钢板生锈）、7层的进口杜邦油漆工艺（德国杜邦漆是国际知名的好漆，它的硬度很高、很耐用。在各种条件下，车身3年不腐蚀，12年不锈穿车门）。车身采用了激光焊接技术（让车的焊接处变为一体，死死地连在一块，碰撞时不会断裂），热成型钢板占车身总重的16%、高强度钢板占车身总重由上一代的74%提高到新一代的81%。可见迈腾真的很坚固、安全。

练一练

两人或者三人一组分别扮演销售顾问和顾客，完成对自己熟悉的一款车的车侧方介绍。

图4-27 大众迈腾车身

任务检测

一、填空题

1. 汽车侧方介绍的要点有：＿＿＿＿＿＿、＿＿＿＿＿＿、＿＿＿＿＿＿等。

2. 雪佛兰科鲁兹后视镜的特点是：＿＿＿＿＿＿。

3. 北京现代ix25车身材质的结构特点是：＿＿＿＿＿＿。

二、选择题

1. 汽车销售人员在介绍车辆侧方时应介绍以下的哪些内容？（　　）

    A. 后视镜　　　　B. 轮毂　　　　　C. 车侧方线条　　　　　D. 以上都要

2. 哪款汽车后视镜可以遥控折叠？（　　）

    A. 雪佛兰科鲁兹　　　　　B. 北京现代ix25　　　　　C. 大众迈腾

3. 哪款汽车采用16寸五辐式轮毂？（　　）

    A. 雪佛兰科鲁兹　　　　　B. 北京现代ix25　　　　　C. 大众迈腾

三、简答题

1. 在环境污染日益严重的今天，汽车企业在市场营销活动中该怎样为环境保护作出应有的贡献？

2. 若从企业的角度考虑，要构筑一个丰满、鲜活的汽车品牌，必须具备的四大要素是什么？

3. 汽车企业市场营销实施过程包括哪些方面？

四、拓展题

针对车辆侧方位，如果是跑车将如何介绍？

评价与反思

评价表

序号	考核项目	考核内容	配分	评分标准	得分
1	汽车侧方内容的介绍	（1）介绍车侧方整体效果 （2）介绍电动后视镜的功能与设计 （3）介绍车身结构和材质 （4）介绍车的轮毂材质	20	考核内容选三种方式介绍	
			20	能流畅运用话术表达	
			20	能熟练进行情景模拟	
2	口语表达	（1）发音标准 （2）语言表达流畅 （3）语言严谨具有感染力	20	能运用标准的文明用语	
			20	能注意仪容、仪表、仪态	

反思

1. 针对现代ix25车侧方介绍，还有没有更好的介绍方式？

2. 针对车侧方介绍，是否需要增加或减少介绍项目？

任务六　发动机舱介绍话术

任务描述

　　本任务主要是讲解如何介绍发动机舱，介绍的重点是发动机，因为其结构复杂，功能参数众多，所以需要在介绍前重点记忆各项参数，并能从中找出优势，针对不同的客户，将其最关心的内容传递给对方。

　　关键点：发动机舱介绍、销售策略、销售话术。

任务目标

完成本任务的学习后，你应能：

★ 说出汽车发动机舱中各部件的名称；

★ 运用不同方式介绍发动机舱；

★ 熟练运用普通话和销售话术。

建议课时：4课时。

任务实施

　　打开机盖，固定机盖支撑，依次向客户介绍发动机舱盖的吸能性、降噪性、发动机布置形式、防护底板、发动机技术特点（包括对车辆引擎、悬挂、联动系统、转向系统、动力保修条款），这些讲解内容非常实用和必要。

　　发动机舱介绍要点：

　　①发动机的性能和优势。

　　②变速器的特点。

一、北京现代ix25发动机舱（图4-28）介绍的话术

　　抒情式发动机舱介绍：

　　①发动机的优势：低油耗、轻量化；

　　②变速器的特点：流畅的动力输出。

　　例如：释放青春的活力源自心动的能量，那就是ix25的心脏部位——发动机舱，ix25的发动机舱设计非常整齐、错落有致，易于日常的保养维护。ix25配备了Nu2.0发动机，该系列发动机具有低油耗、轻量化、高性能、静音佳等优势，使得这款全铝发动机的最大功率可以达到118 kW，最大扭矩达

图4-28　ix25发动机舱

192 Nm,百公里综合油耗仅为7.5 L,流畅的动力输出及出色的燃油经济性将带给车主畅快淋漓的驾乘感受。ix25的1.6 L车型配备了Gamma1.6发动机,是保证动力高性能的发动机杰出代表,具有进气、排气连续可变气门正时技术,也是现代汽车非常成熟的一款高转速大功率、低转速高扭矩的节能发动机。面对油价不断上涨的态势,这款发动机非常实用。当然,再好的发动机也需要高性能的变速器配合,ix25配备了随心操控的6速手动变速器及坚实稳定的6速自动变速器,拥有6个前进挡更合理地匹配了发动机在不同转速下的动力输出,提升驾乘舒适性和燃油经济性,同时确保了换挡更加平顺,动力输出没有停滞,真正意义上做到了快速、平顺、省油。这也就是年轻人最新生活品质的目标。

二、上海通用雪佛兰科鲁兹发动机舱(图4-29)介绍的话术

传统式发动机舱介绍:

①发动机动力特点:双VVT发动机;

②发动机的环保优势:具备欧洲汽车尾气排放第五代标准。

例如:这款汽车动力方面采用的是1.6 L Ecotec双VVT发动机,最大功率达86 kW,最大扭矩达150 Nm,具有可变气门正时系统、VIM可变进气歧管系统、多点电喷技术、全新研发的紧凑型薄壁汽缸体。缸盖与油底壳采用全铝设计,降低了重量。笔式点火线圈设计——Ecotec发动机将火花塞和点火线圈"合二为一",且为数字式精确控制每缸点火。配有EDC发动机制动控制系统等一系列高科技装备,此款发动机油耗适中,并达到了欧洲汽车尾气排放的第四代标准,具备升级到欧洲汽车尾气排放第五代的能力。

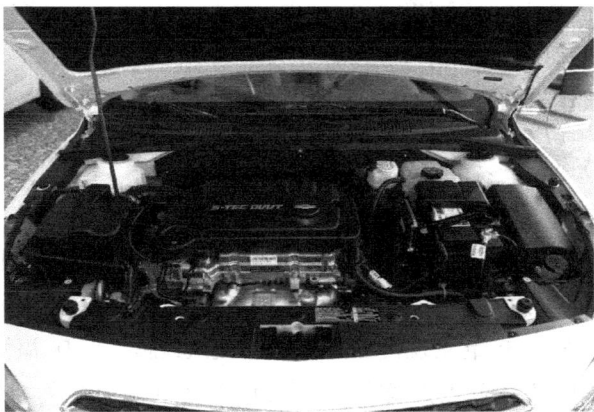

图4-29 科鲁兹发动机舱

三、大众迈腾发动机舱(图4-30)介绍的话术

例如:迈腾的发动机舱采用了CAN-BUS总线,线束布置规整,既美观又安全。请看这边还有高品质隔音垫,既隔音又隔热。合理的溃缩区,发动机下沉式设计,提高了正面碰撞的安全系数。发动机舱的各部件都布置规整。迈

> —— 做一做 ——
> 总结大众迈腾发动机舱的介绍要点。

腾采用的是最新款发动机EA888,还采用了新型的可变进气歧管,具有连续可变相位。使用了静音型正时链条(都说正时链条有点吵,但我们采用的是静音型的正时链条,发动机就更静音了)。平衡轴的位置比以前的更合理了,并采用了水冷涡轮增压器(重新匹配的

冷却系统解决了涡轮增压器的冷却问题，有效延长了增压器的正常使用寿命）。迈腾全系采用全新研发的TSI+DSG黄金动力组合，和上一代相比，动力更强，油耗更低，排放达到欧洲汽车尾气排放第四代标准，2.0TSI+6-DSG的百公里加速时间由上一代的8.3 s提高到8.0 s，加速更猛，更有驾驶乐趣，炭排放量也更低。最大功率可达147 kW/5 100~6 000 rpm,最大扭矩可达280 Nm/1 700~5 000 rpm，最高车速可达230 km/h，油耗为90 km/h 6.5 L/100 km。

图4-30　迈腾发动机舱

练一练

两人或者三人一组分别扮演销售顾问和顾客，完成对自己熟悉的一款车的发动机舱介绍。

任务检测

一、填空题

1. 介绍汽车发动机舱应主要介绍＿＿＿＿＿＿、＿＿＿＿＿＿、＿＿＿＿＿等。
2. 雪佛兰科鲁兹发动机的特点：＿＿＿＿＿＿＿＿＿＿。
3. 北京现代ix25发动机的特点：＿＿＿＿＿＿＿＿＿＿。

二、选择题（多选题）

1. 汽车销售人员在介绍车辆发动机舱时应介绍以下的哪些内容？（　　）
   A. 发动机　　　　B. 变速器　　　　C. 机油　　　　D. 以上都有
2. 哪款车型汽车尾气排放的标准是欧洲汽车尾气排放第五代标准？（　　）
   A. 雪佛兰科鲁兹　　B. 北京现代ix25　　C. 大众迈腾　　D. 福特福克斯
3. 以下哪款车型的火花塞和点火线圈"合二为一"？（　　）
   A. 雪佛兰科鲁兹　　B. 北京现代ix25　　C. 大众迈腾　　D. 福特福克斯

三、简答题

1. 论述汽车营销管理的过程。
2. 国际汽车营销中主要存在哪些风险？
3. 分析汽车企业经济环境应从哪些方面入手？

评价与反思

评价表

序号	考核项目	考核内容	配分	评分标准	得分
1	汽车发动机舱内容的介绍	(1)介绍发动机的优势 (2)介绍变速器的特点	20	考核内容选三种方式介绍	
			20	能流畅运用话术表达	
			20	能熟练进行情景模拟	
2	口语表达	(1)发音标准 (2)语言表达流畅 (3)语言严谨具有感染力	20	能运用标准的文明用语	
			20	能注意仪容、仪表、仪态	

反思

1. 针对现代ix25发动机舱介绍,还有没有更好的介绍方式?
2. 针对发动机舱介绍,是否需要增加或减少介绍项目?

项目五 汽车营销软件

近年来，随着我国经济的发展和人们生活水平的提高，人们对汽车的需求量不断增加，不仅带动了汽车产业的快速发展，同时促进了为汽车用户提供全面服务的4S店的发展。如何维护保有客户以及发掘潜在客户，为客户提供快捷、方便、高质量的服务，成为4S店提高利润的关键。目前，越来越多的4S店借助软件系统来协助工作人员对客户信息进行管理，及时跟踪客户的需求，为客户提供高效的服务。

任务一　认识汽车营销软件

任务描述

目前，4S店基本都已经采用了汽车经销商管理系统（Dealer Management System，DMS），本任务将重点介绍汽车经销商管理系统的主要功能及发展方向等。

任务目标

完成本任务的学习后，你应能：

★ 熟悉汽车行业DMS系统的功能；

★ 知道DMS系统的未来发展方向。

建议课时：1课时。

任务实施

一、DMS系统概述

DMS的前身是服务站的售后维修管理系统。伴随着2002年以来的汽车行业井喷，各车企纷纷提出建设DMS的要求，即整合整车厂系统与经销商、维修站内部的管理系统，使之成为一个在业务流程上完整、重要业务数据集中、覆盖车辆及客户的整个生命周期，并跨越整车厂、经销商、服务站的信息系统。

汽车经销商借助DMS系统可以及时掌握市场变化、提高信息交流的时效性、压缩中间运营成本、减少资源浪费，最大限度保证在有限的投入下，实现用户的商业目标，提升汽车品牌的竞争力。

二、DMS管理系统功能介绍

在汽车4S店中，DMS系统集合了售前、售中、售后的所有流程并具有强大的数据分析功能，能帮助企业提升系营销效率和品牌价值。下面以克莱斯勒汽车经销商使用的DMS系统为例进行介绍。

1. DMS系统的工作流程及主要功能

DMS系统的工作流程及主要功能如图5-1所示。

系统主界面如图5-2所示。

DMS系统的6项业务功能贯穿了整车销售、售后服务、配件供应、信息反馈的4S店经营模式，使各个方面的业务数据能够有效地通过系统结合起来，达到信息共享，使管理人员真正能够通过系统高效地完成业务，并能够方便、快捷地获得所需的信息。

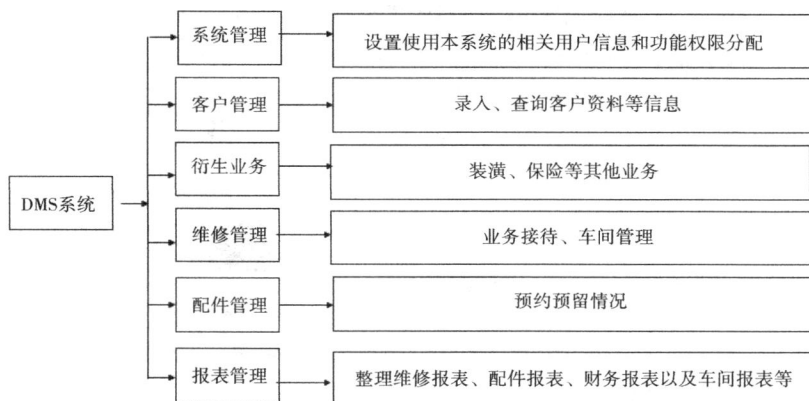

图5-1　DMS系统的工作流程及主要功能

图5-2　DMS系统功能主界面

2.拓展DMS系统功能

以iPad为终端，介入汽车营销全流程，帮助提升销售顾问的销售效率和效益。例如，克莱斯勒PAD移动助销平台是在现有克莱斯勒DMS解决方案的基础上，对营销部分的功能进行扩展，以更好地帮助克莱斯勒汽车提升整个体系的营销效率，增强其经销商的终端销售能力，同时展示提升克莱斯勒汽车的品牌价值，拓展现有DMS系统的服务能力。

克莱斯勒PAD移动助销平台分为5大业务功能：系统登录及设置功能、个人工作台功能、顾客接待功能、待跟进任务清单功能、协议成交功能。

①登录系统：首先，选择相应的经销商，填写DMS系统的用户名和密码（不区分大小写），单击"登录"按钮，如图5-3所示。进入系统后，界面会显示"今日客户""接待""HSL""试驾""成交""待跟进提醒""顾客接待""协议成交"等内容，如图5-4所示。

②工作台：单击"工作台"，进入工作台页面，在页面的左上角显示有晨会、夕会记录，同时可显示当月该用户的业务指标情况，数据来源于DMS系统，如图5-5所示。

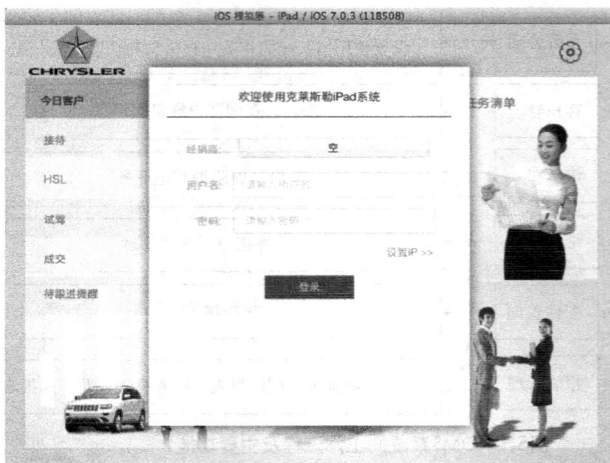

图5-3　登录界面

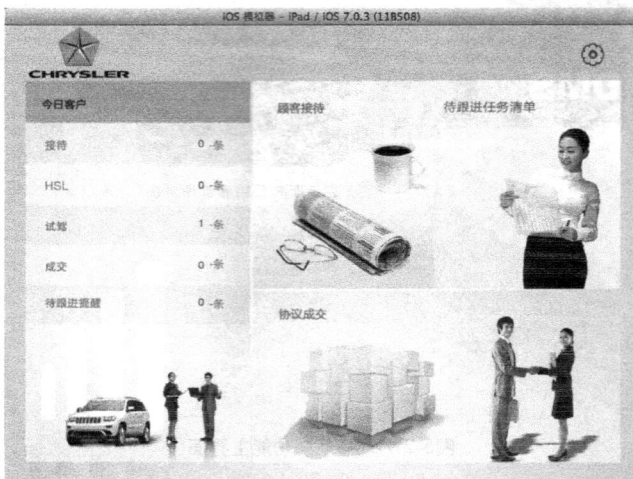

图5-4　系统界面

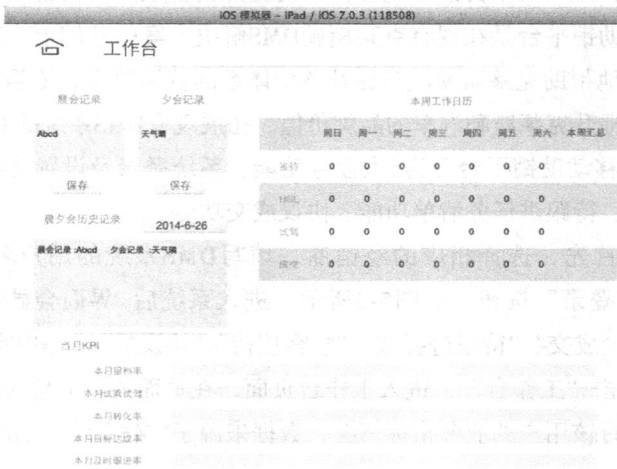

图5-5　"工作台"界面

三、DMS未来的发展方向

DMS系统使得厂商和经销商一起运作品牌规划的客户关系管理流程与标准，通过个性化、专业化、人性化的服务来为客户创造价值，从而提高客户忠诚度，挖掘潜在客户，以及挖掘现有客户的潜在消费能力，这也是DMS系统最重要的作用。DMS系统使得品牌的所有者——厂商，以及品牌的经营者——厂商和其经销网络，可以用最低的成本来获得客户信息；是厂商经营品牌的前线工具与手段，厂商可以将品牌的标准与流程固化在系统中，提供并"强制"授权经销商运用。

随着汽车行业在中国的发展，庞大的经销商网络也在逐渐形成中。经营多厂商品的经销商网络集团与厂商在市场话语权方面必然产生利益冲突，而其中对DMS系统的掌控即是控制权的体现。那么双方为什么要争夺DMS系统的控制权呢？就是对客户关系管理的发言权，谁掌控了客户资料，谁就有更多的话语权。因此，以客户关系为核心，必将是未来中国市场DMS发展的方向。

> **想一想**
>
> 同学们，你们学校用的是哪款汽车销售模拟软件，同我们介绍的这款有什么共同点和区别。

任务检测

一、填空题

1. DMS中文译为＿＿＿＿＿＿＿＿。

2. DMS系统的流程包括＿＿＿＿、＿＿＿＿、＿＿＿＿、＿＿＿＿、＿＿＿＿、＿＿＿＿。

3. DMS系统集合了＿＿＿＿、＿＿＿＿、＿＿＿＿所有流程并具有强大的数据分析功能，能帮助企业提升营销效率和品牌价值。

二、简答题

简述DMS系统的功能和作用。

评价与反思

评价表

序号	考核项目	考核内容	配分	评分标准	得分
1	汽车的DMS	汽车DMS的功能	25	能用自己的语言表达汽车DMS的用途	
			25	能表述汽车DMS的主要功能	
2	汽车DMS的发展	汽车DMS经营理念和发展方向	25	能回答汽车DMS的服务宗旨	
			25	能回答汽车DMS的未来发展方向	

1.目前汽车行业中有哪些常用的DMS系统，各自有何优势？
2.结合目前汽车行业发展趋势，DMS系统的哪些快捷工具能达到同时共享？

任务二　使用汽车营销软件

任务描述

本任务主要以DMS系统中的客户信息管理、汽车售后配件管理两个功能模块为例进行讲解，主要涉及潜在客户的信息建档、大客户信息的形成、售后接待服务、配件出库等操作，旨在帮助学习者熟悉整个系统的操作过程，掌握系统的各项操作。

任务目标

完成本任务的学习后，你应能：

★ 用DMS系统建立客户信息；

★ 用DMS系统建立维修信息并进行费用结算；

★ 用DMS系统进行配件管理操作；

★ 完成其他功能模块的操作。

建议课时：3课时。

任务实施

一、客户信息管理

客户信息系统是客户资源管理系统中重要的组成部分，它为客户资源管理提供最基础的信息数据库，为企业的经营决策提供原始数据。客户信息主要包括客户的基本资料、客户购买行为特征、客户服务记录、客户维修记录、客户订单记录、客户对企业及竞争对手的产品服务评价、客户建议与意见等。

1.移动端客户信息采集

客户初次来店后，销售顾问可以通过iPad上的客户信息系统便捷地进行客户信息采集，以提升服务质量和顾客满意度，并减少顾客的决策时间。具体操作如下：在系统界面中单击"顾客接待"，进入"顾客接待"页面，在其中即可填写顾客基本资料、意向车型、信息渠道、客户来源等信息，填写完毕后单击"保存"按钮即可，如图5-6所示。

图5-6 "顾客接待"页面

　　大客户（又称重点客户）是指对产品（或服务）消费频率高、消费量大、客户利润率高，对企业经营业绩能产生一定影响的要害客户。

　　针对大客户，销售顾问根据需要还可以上门拜访，进行营销并采集客户信息。在拜访现场，使用iPad能够将采集到的资料采集完毕并保存在本机上。等回到4S店以后，将iPad连接上网，再将本次采集到的资料上传到DMS系统中，大客户的资料采集页面如图5-7所示。

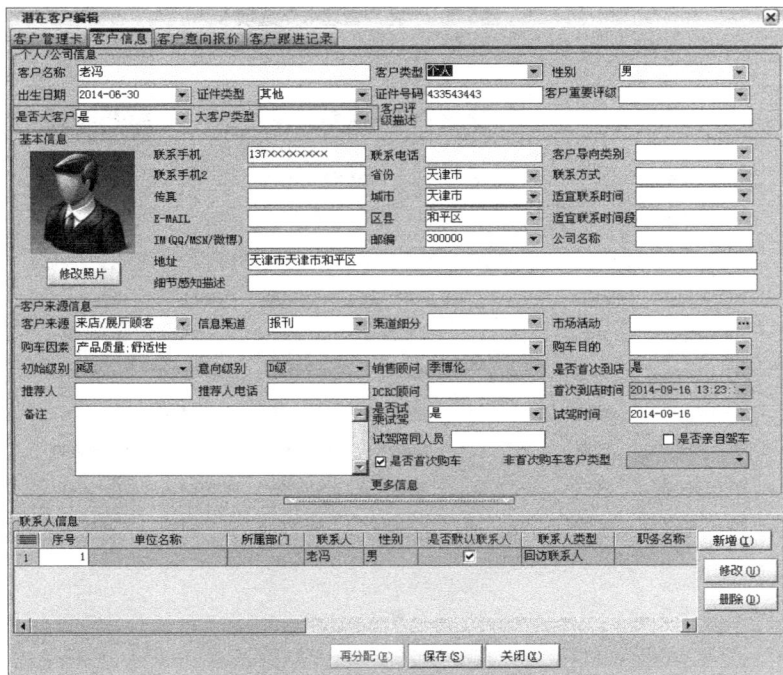

图5-7 "大客户资料采集"页面

2.计算机端客户信息采集

在计算机的DMS系统中录入客户信息的操作步骤如下：单击左侧"系统管理"分类下的"客户管理"，在中间的窗框中将显示"客户信息"的内容，单击某条客户信息，将弹出"潜在客户编辑"窗口，该窗口中有"客户管理卡"（图5-8）、"客户信息"（图5-9）、"客户意向报价"（图5-10）、"客户跟进记录"4个选项卡，分别填写相应的内容即可完成客户信息采集。

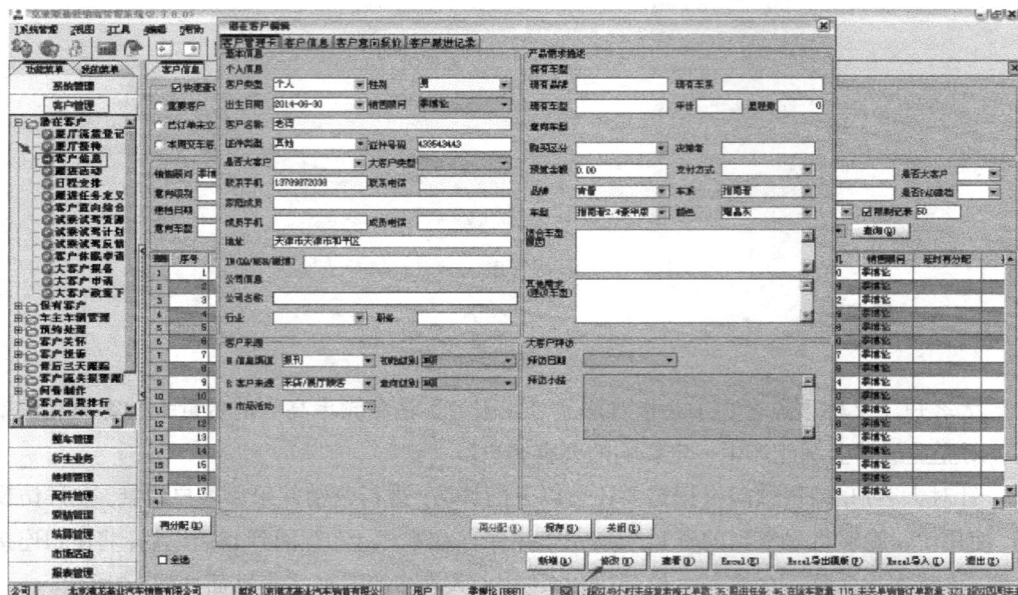

图5-8 "客户管理卡"选项卡

图5-9 "客户信息"选项卡

友情提示

　　在"客户信息"选项卡中，当"是否大客户"选项选择"是"时，"大客户类型""拜访日期"和"拜访小结"都是必填项，当前意向车型信息中的"购买数量"与"预计购买时间段"也是必填项。

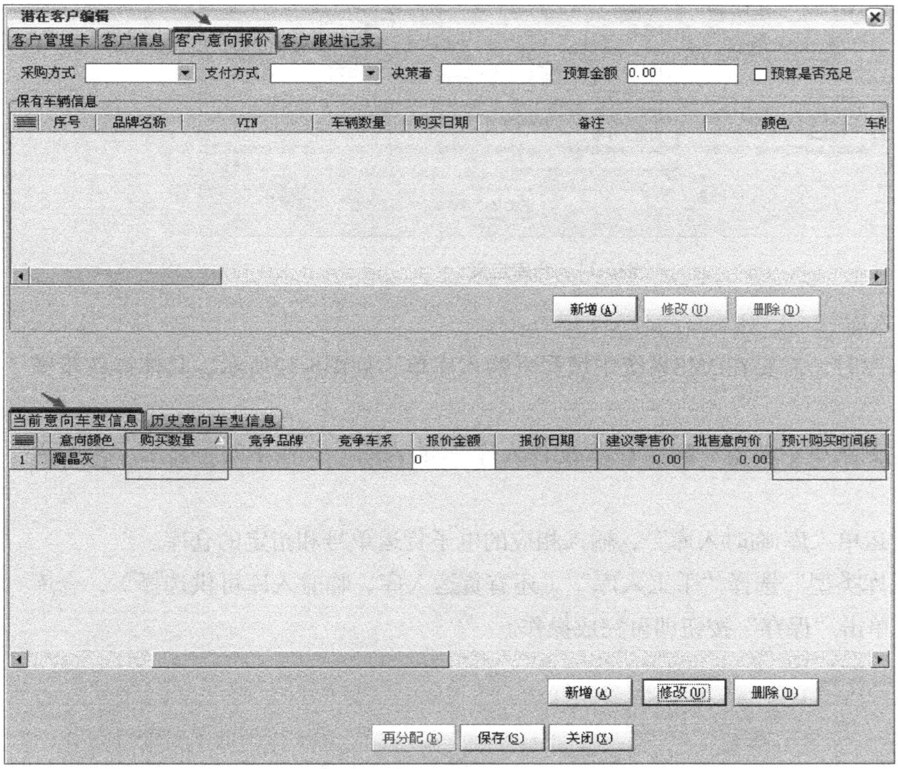

图5-10　"客户意向报价"选项卡

友情提示

客户的分级划分

　　H级客户：7天内有订车可能；A级客户：15天内有订车可能；B级客户：30天内有订车可能；C级客户：2~3个月有订车可能；N级客户：新接触；O级客户：已签订合同未提车；D级客户：已订车；T级客户：订单退订。

二、汽车售后配件管理

　　DMS的汽车配件售后管理部分的主要功能包括销售、采购入库、出库、付款单、收款单流程管理。

　　为了更有效地管控、规范经销商的纯正/非纯正配件渠道来源和经营状况，首先需要在系统中定义仓库，然后才能进行相应的操作，如图5-11所示。

图5-11　仓库定义

1.汽车配件入库

汽车配件入库时，需要在DMS系统中填写采购入库单，如图5-12所示，具体操作步骤如下：

①在系统左侧菜单中单击"配件管理\配件入库\采购入库"，在中间将显示"采购入库"选项卡。

②选择"货运单入库\临时入库"，输入相应的电子货运单号和指定的仓库。

③"采购入库类型"选择"手工入库"（还有货运入库、临时入库可供选择），仓库可以任意选择，单击"保存"按钮即可完成操作。

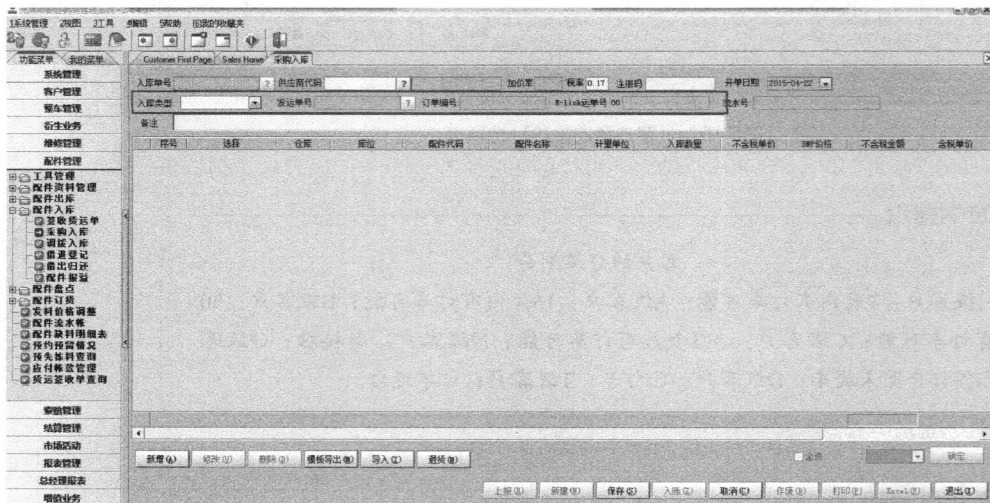

图5-12　配件采购入库界面

2.车辆入库

车辆入库时，需填写车辆入库单，如图5-13所示，具体操作步骤如下：

在系统左侧菜单中单击"整车管理\整车库存\车辆入库"，在中间将显示"车辆入库"选项卡，在其中填写相应的信息后，单击"确定"按钮即可完成操作。

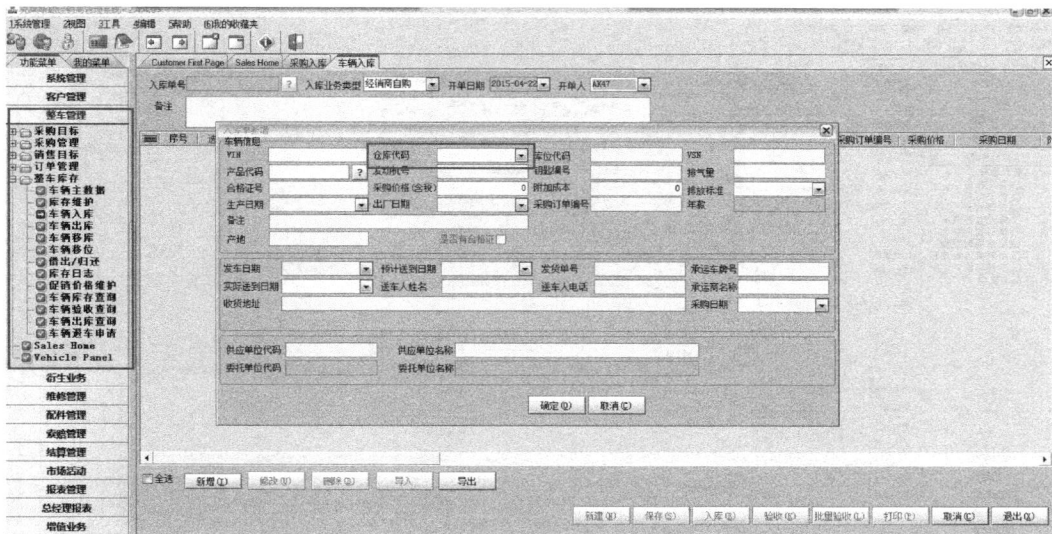

图5-13 整车入库界面

3.汽车配件销售

在汽车维修过程中，经常会涉及更换汽车配件，如果要购买新的汽车配件，在系统中的操作步骤如下：

①在系统左侧菜单中单击"维修管理\业务接单\客户接待"，在中间将显示"客户接待"选项卡，在"维修材料"下选择相应的"配件类别""配件名称"等信息即可，如图5-14所示。

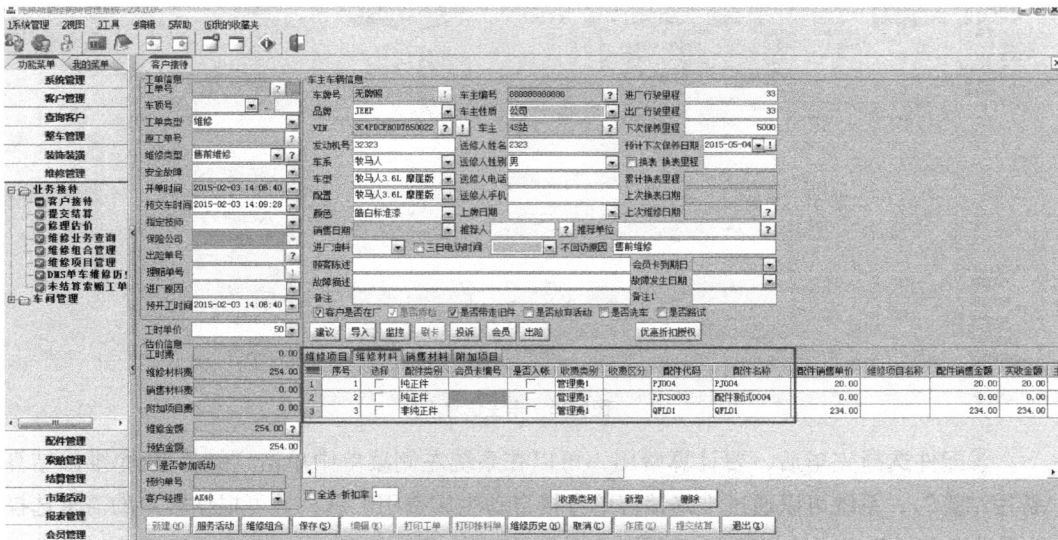

图5-14 选择维修材料

②单击车主信息，如果维修的车主车辆信息在本店不存在，则自动弹出提示"该车辆信息不存在，是否需要同步总部信息"，如图5-15所示。

图5-15 提示信息

如果维修的车辆信息存在，系统根据总部的车主车辆信息自动匹配符合条件的信息在系统中展示出来，如图5-16所示。

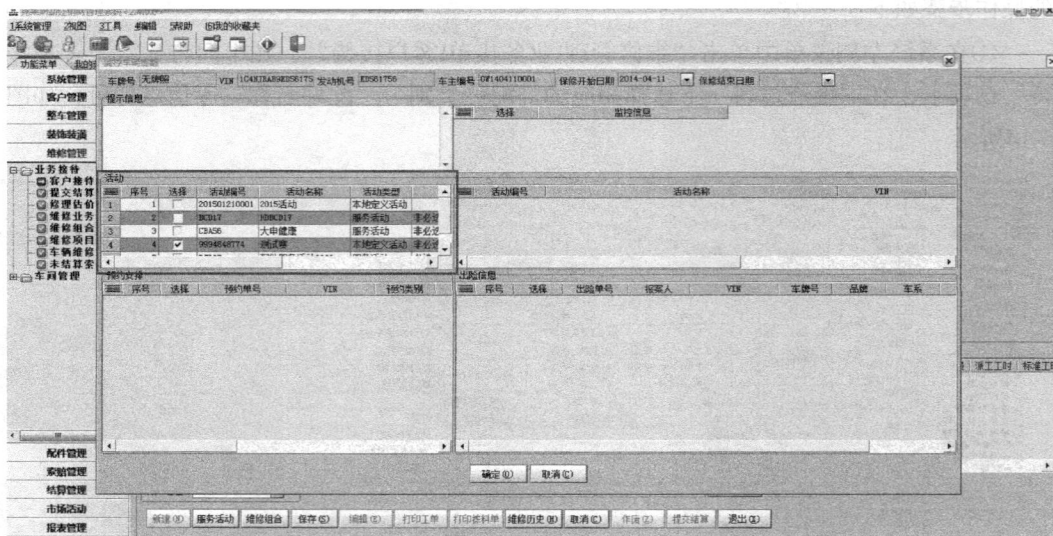

图5-16 车主信息

③配件选择完毕后，要计算费用，可以在系统左侧菜单中单击"结算管理\维修结算\费用结算"，系统可以通过维修销售单直接自动生成费用汇总，并可根据客户的需求选择发票类型和付款方式，如图5-17所示。

④结算单按维修项目统计汇总，并可以直接打印，方便顾客签字确认，如图5-18所示。

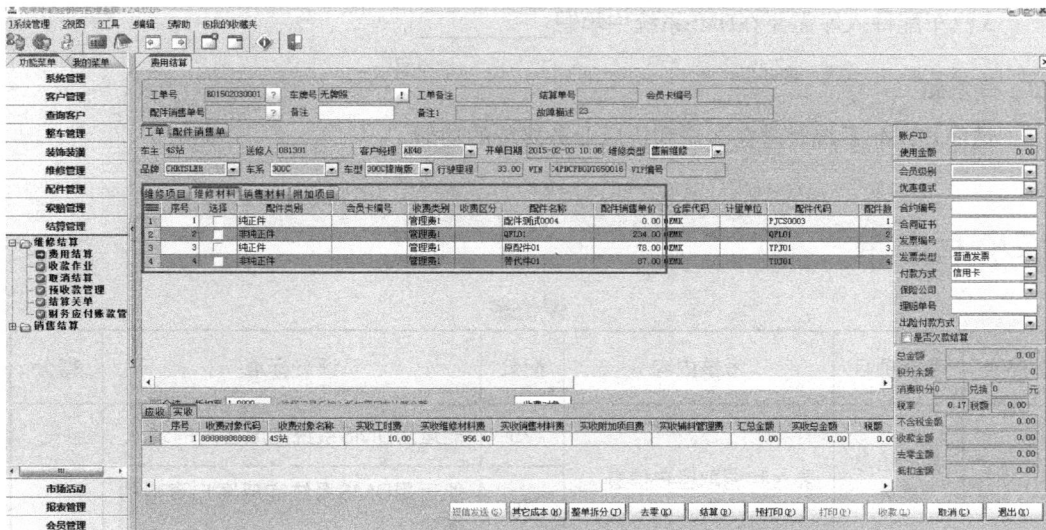

图5-17　费用结算界面

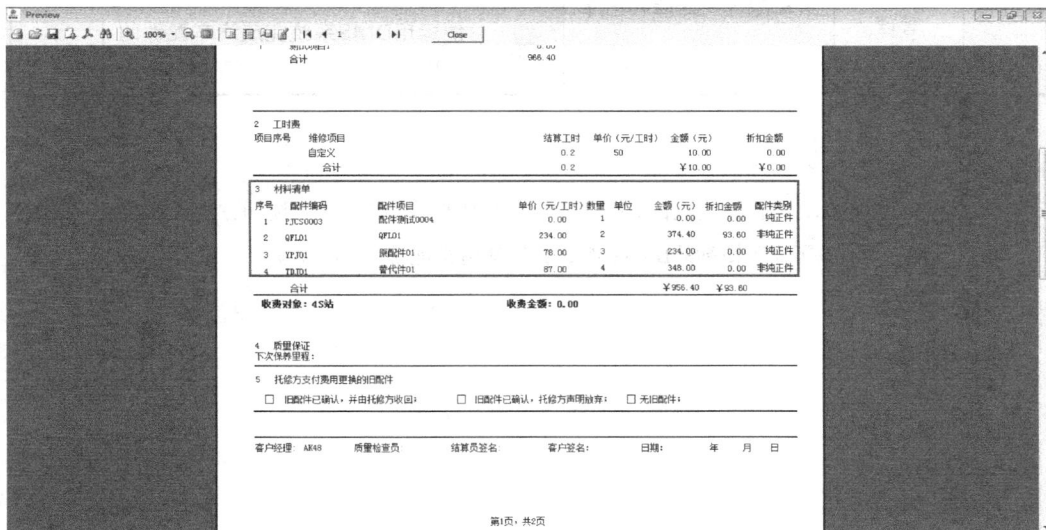

图5-18　结算单打印

任务检测

一、填空题

1.客户的分级划分中H级客户：_____；A级客户：_____；B级客户：_____；C级客户：_____；N级客户：_____；O级客户：_____；D级客户：_____；T级客户：_____。

2.大客户是指对产品（或服务）_____、_____、_____，对企业经营业绩能产生一定影响的要害客户。

3.汽车配件入库需要在DMS系统中填写_____。

二、简答题

请简述DMS系统对潜在客户和售后业务接待的功能。

评价与反思

评价表

序号	考核项目	考核内容	配分	评分标准	得分
1	客户信息录入	录入和调取客户信息	25	能运用DMS系统完成客户的录入	
			25	能运用DMS系统完成客户资料的调取	
2	汽车配件管理	汽车配件的入库和出库	25	能运用DMS系统完成汽车配件的入库	
			25	能运用DMS系统完成汽车配件的出库	

反思

1. 你认为DMS系统针对配件库存、产品购进有什么更快捷的方法?
2. 除了克莱斯勒的DMS系统,你还知道其他哪些DMS系统?

项目六　客户异议处理

客户异议是销售过程中常见的一种矛盾危机，既是冲突又是机会。客户异议的处理效果直接影响客户满意度，进而决定销售目标或服务目标是否能达成。处理异议的前提是正确认识，积极应对客户异议。因而，销售顾问应该学会分析客户异议的类型，挖掘异议内在的真正原因，从而妥善地处理异议。

任务一 客户异议的类型及原因

任务描述

本任务主要讲述客户异议的类型以及原因。在汽车营销活动中，任何一个环节都可能出现客户异议，对客户异议的处理效果直接影响销售能否成交或客户是否满意。正确认识客户提出的各种异议及其产生的根源，是有效处理这些异议的前提条件。

关键点：分析客户异议的类型，分析客户异议的原因。

任务目标

完成本任务的学习后，你应能：

★ 正确认识客户异议的内涵；

★ 以积极的态度应对客户异议；

★ 了解客户异议的类型并学会分析归类；

★ 分析客户异议的内在原因。

建议课时：1课时。

任务实施

一、客户异议的概念与内涵

客户异议是指客户针对销售过程中的各种活动作出的一种反应，是客户对产品、销售人员、销售方式和交易条件等因素发出的怀疑、抱怨，提出否定或反对的意见甚至投诉。请看以下两个案例，你认为哪位客户最终成交的几率更大？

案例一	案例二
北京现代4S店的销售顾问小王接待了一位客户——张先生。经过简单的需求分析之后，小王带张先生来到一款第九代现代索纳塔的面前，并为他作六方位的环车介绍。张先生对小王的介绍似乎很满意，始终点头、微笑，有时还夸这款车的确不错。	就在同一天，销售顾问小王又接待了一位客户——李先生。李先生也是来看第九代现代索纳塔的。小王为李先生介绍车辆的时候，李先生提出了一个尖锐的问题：车市里都说索纳塔系列的车贬值特别快，第八代已经降价三成了。这第九代会不会也很快要降价呢？

在汽车这样的大宗商品营销过程中，完全无异议的情况非常少，而客户异议恰好是销售的机会和突破口。调查显示，提出异议的客户中有64%最终采购了对方的产品，而没有提出异议的客户其成交率只有54%。如图6-1所示。客户异议往往包含着大量的信息，如客户的爱好、对车辆的关注重点、能接受的心理价位、对服务的要求等。在上述案例二中，客户李先生的问题反映出他对现代索纳塔汽车关注较多，但是对公司的营销

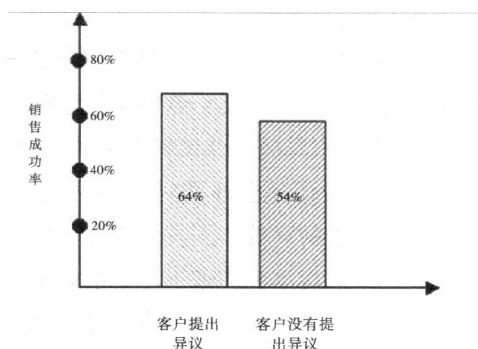

图6-1 客户异议与成交率的关系

策略有疑问，可能影响到他对现代品牌的价值认同和质量认同。销售顾问应当想办法消除这种异议，改变客户的心理预期，进而促进销售。

异议让销售过程可以持续；异议让销售顾问有机会更多地了解顾客的真实想法；异议让销售顾问有机会展示自己是一个善解人意的人；异议是真正销售的开始……

面对异议，销售顾问的态度应当是：

- 把异议当成一种积极的信号，抓住这个销售的机会；
- 保持积极的心态，认真听取并理解客户的异议；
- 站在客户的立场上，耐心体贴地化解客户异议。

二、客户异议的类型

销售顾问经常遇到各种各样的客户异议,从性质上分,有真实异议与虚假异议两大类。

1.真实异议

这是由于作为销售对象的产品或作为销售载体的公司及销售人员与客户需求之间存在差距而表现出来的异议。这些异议主要表现在以下几个方面：

（1）价格太高

销售人员最常面对,同时也是最害怕的客户异议是价格问题。客户提出价格太高的异议时,销售人员应明白,这是一种消费者的普遍心理,客户总是认为他付出的价格可以得到更多的价值,或通过价值补偿或增值服务等方式让客户感到心理平衡,实现客户价值最大化。

（2）质量问题

客户一方面是从新闻媒体、社会传闻得到的有关产品质量方面的信息；另一个方面是从竞争对手那里获得的贬义信息，还有对销售人员所做的有关汽车质量的解释或说明有意见，特别对那些"夸夸其谈"抱有怀疑和不信任。

（3）售后服务担心

很多客户都害怕售后服务不好,买之前销售人员什么都说好,买了以后客户遇到问题谁也不管,到处踢皮球,更谈不上良好的服务态度了。也有的客户认为该品牌特约服务站网点不够多,维修不方便；还有的客户担心或怀疑公司的技术能力是否能够为他解决问题等。

（4）交易条件

交易条件也是一种客户经常提出的异议，如付款方式、交车时间、交车地点、赠送的物品、折扣、让利幅度、免费保养的次数、车辆的装潢、美容等。

（5）对汽车公司或销售人员的不满

客户的异议还会涉及对销售人员所在的公司不满。客户对汽车公司的异议可能来自别的竞争对手的宣传、朋友的抱怨、媒体的负面报道等。也有的客户可能对汽车公司或汽车品牌的知名度不高而留下不好的印象。客户也可能会对销售人员的不良表现产生不满，如衣冠不整、态度不好、三心二意、敷衍了事、技术生疏、夸夸其谈、轻视客户、怠慢客户，甚至不尊重客户等。总之，销售人员不能取得客户的信任就会让客户产生不好的印象，从而将不购买的理由转移到销售人员身上。

2.虚假异议

虚假异议是指客户提出与他的购买行为无关的异议。常见的虚假异议有两种：一种是客户用借口、敷衍的方式来应付销售人员，目的就是不想和销售人员进行实质上的洽谈，不是真心实意地参与到销售活动中来；另一种是客户可能提出很多异议，但这些异议并不是他们真正在乎的地方，如这车价格太贵或外观不够时尚、提出非常过分的要求、坚持自己的错误观点等。还有一种隐性异议，通常表现在客户不愿说。

这种情况，虽然听起来是异议，却不是客户真正的异议。这类客户大多数是有购车的愿望，但是，由于车的价格超过了自己的预算，或对所要购买的车型信心不足，还需要再比较比较，或还有其他什么原因包括个人隐私暂时不能买车的。也有那种非常想圆汽车梦，但又无力购买的人。

三、客户产生异议的原因

客户产生异议的原因往往是非常复杂的，一般分为客户内在主观原因和外在客观原因。客户内在原因包括以下几种具体情形：

1.客户拒绝改变

客户是一个独立的主体，有自己的见解和思维。也就是说，客户对某些产品抱有习惯性的认识，他们对某一名牌、品种等受先入为主的心理影响，造成对某一产品的"情有独钟"或"不屑一顾"。这些思维见解和认识往往带有片面性，在没有取得客户信任之前，销售人员一般很难用讲解、说服的办法来消除。在这种情况下，要引导并耐心等待客户的认识在经过实践检验之后发生转变。

2.客户情绪低落

客户的心情，也是客户异议产生的一个原因。当客户心情不佳时，可能会受一时的心情驱动，故意提出各种异议、刁难甚至恶意反对，有意阻止成交。

3.客户没有意愿

客户的意愿没有完全被激发出来，销售人员的绕车介绍或试乘试驾活动做得不成功，没有针对客户的需求有的放矢，结果没有引起客户注意，更没有取得客户的信任。

4.产品无法满足客户的需要

客户的需要不能得到充分的满足，因而无法继续买卖的行为。具体原因有：汽车的性能特点不符合客户的使用要求；汽车的最终售价与客户的心理价位不符；客户的预算不足，或客户目前暂时缺乏资金支付能力，或遇到按揭付款等方面的麻烦而产生价格上的异议等。

5.客户抱有隐藏式的异议

客户抱有隐藏异议，不愿说明，也会提出各式各样的异议。比较常见的有：

- 价格怎么比另一家的高呢？
- 如果买了不久又降价了，怎么办呢？
- 听说这款车油耗蛮大的、动力也不足。
- 在我们买车之前，每一个经销商都说自己的售后服务好，其实，谁知道呢？

这些异议的原因是客户可能听到了不正确的信息，或者是受到了竞争对手的恶意诱导，或者是客户没有理解销售人员的话等。

客户产生异议的客观原因包括产品、价格、销售环境、销售人员，其中销售人员引起的异议尤其值得注意，常见的现象和原因有：

- 销售人员的行为举止和态度让客户反感。
- 夸夸其谈，客户怀疑不真实。
- 过多地使用了专业术语，客户无法理解，碍于面子不好深究。
- 说得太多，听得太少，以至于没有分析清楚客户真实的购买需求。
- 与客户发生争议、抬杠，没有给客户应有的尊重。
- 事实调查不正确，引用了不准确的调查资料。
- 故作姿态，让客户难堪。

任务检测

一、填空题

1.客户异议是指客户对_____、_____、销售方式和交易条件等因素发出的怀疑、抱怨，提出的_____意见甚至投诉。

2.从性质上分，客户异议有_____与_____两大类。

二、多项选择题

1.在汽车营销活动中，常见的客户异议类型有（ ）。

A.对价格不满　　　　　　　　B.售后服务担心

C.交易条件不理想　　　　　　D.反感销售员的态度

2.客户异议产生的原因有（ ）。

A.拒绝改变　　　　　　　　　B.情绪低落

C.产品无法满足客户需要　　　D.反感销售员的态度

三、简答题

以下是2015年5月在一汽大众某4S店发生的情景，请分析该案例，并回答问题。

销售顾问小李接待了一位客户王先生，并根据王先生的需求为他介绍了一辆1.8 L的新速腾。下面是他们的一段对话：

销售：王先生，您对这款新速腾满意吗？

客户：还不错，但是听说速腾的后悬架有问题，有召回吗？

销售：您是听说速腾的后悬架有问题吗？是不是网络上流传的断轴的事？

客户：就是啊。

销售：哦，是这样的，王先生。关于速腾断轴的事，业界内外都非常关注。您放心，公司一定会负责到底的。

客户：那有没有召回呢？

销售：汽车召回是非常常见的事，国外的大品牌如丰田、宝马都召回过。王先生，您认为大众公司应该召回安装了耦合杆式后悬架的速腾车吗？

客户：有问题当然应该召回，要不然怎么负责？

销售：感谢王先生您对大众公司的理解和支持，公司已经作出决定要对2014年生产的56万多辆速腾车进行召回，开通了专属服务热线，并向广大消费者道歉。您放心，后面批次的速腾的后悬架已经作了改进，刚才我为您介绍的这款车就是多连杆独立悬挂式的，既舒适又安全。

问题：

1. 客户王先生的异议是什么？属于什么类型？

2. 你认为王先生为什么会提出该异议？

四、拓展题

通过网络、电话或实地拜访等调查方式，调查、收集4S店客户异议的典型案例，分析案例中的异议类型、原因等因素，并分享到班级群中。

评价与反思

评价表

序号	考核项目	考核内容	配分	评分标准	得分
1	客户异议的概念与内涵	（1）客户异议的概念	20	能说出明白客户异议的概念	
		（2）客户异议的内涵	20	能说出明白客户异议的内涵	
2	客户异议的类型和原因	（1）客户异议的类型	20	能说出客户异议的类型	
		（2）客户异议的原因	40	能说出产生客户异议的原因	

　　1.为什么要处理客户异议？
　　2.请想一想，除了教材中提到的，客户还有可能提出哪些异议？

任务二　客户异议处理流程与处理技巧

任务描述

　　本任务主要讲述客户异议的处理流程以及客户异议的处理技巧。客户异议千奇百怪，时刻考验着销售人员的神经。掌握一些常用的处理方法，对于增强销售顾问自信心，提高销售技能是非常必要的，也是销售人员必练的基本功。根据消费心理研究和经验总结，汽车销售人员应摸索出一些处理客户异议的基本流程和技巧。

　　关键点：流程，技巧。

任务目标

完成本任务的学习后，你应能：

★ 把握应对客户异议的基本原则；

★ 应用合理的流程处理客户异议；

★ 了解一些典型异议的处理技巧；

★ 了解客户投诉的处理流程。

建议课时：3课时。

任务实施

一、处理客户异议的心理准备

　　销售人员在异议处理前进行一定的心理准备是必要的，如表6-1所示。

表6-1　异议处理的心理准备

序号	心理准备
1	进行异议处理不是什么难为情的事，需要考虑的是如何解决好问题
2	要站在客户的立场上冷静地处理，避免争论
3	要向客户展示最亲切的态度
4	对于发怒的客户，要缓解其情绪

续表

序号	心理准备
5	在判断客户的异议时要准备尽量多的理由
6	要进行明确的约定，采取回避的态度无助于解决问题
7	要采取容许对方申诉的态度和表情
8	要及时向客户和领导说明异议处理的进展状况
9	把客户异议作为改善、提高的契机
10	处理要迅速、准确
11	牢记：倾听异议→分析原因→进行处理→总结经验的处理步骤

二、处理客户异议的原则与流程

异议的存在和积累往往造成交易的失败。如何处理异议，是区别优秀与平庸的销售人员的一个十分显著的标志。优秀的销售人员善于采用说服的方式，进行"劝说式的销售"；而平庸的销售人员则往往是坚持己见，导致交易失败。

销售人员在处理客户异议时，应当坚持三原则、五步骤。

1.三原则

（1）正确对待

虽说客户异议是销售的主要障碍之一，但在我们的日常汽车销售中，很少有客户不提出"异议"的。销售人员必须勇于面对这一普遍存在的现象，要以良好的心态正确地对待客户提出的异议，把这个过程看成是一个必经的流程，甚至是销售突破口和成交的机会。

（2）避免争论

尊重客户的意见，不钻牛角尖。销售人员在回答客户的问题或异议时可能会产生争论，这在日常的销售活动中经常发生。与客户争论有百害而无一利，非常可能导致终止交易。所以，销售顾问必须牢牢记住，无论客户怎样挑剔与反驳，甚至无理取闹，也不要与他争论，自己先要冷静下来，待客户冷静下来后再适当地加以陈述。

（3）把握时机

不同的异议有不同的最佳解答时机。一般来说，需要立即解答的有以下三种情形：客户非常关心的重要事项，必须处理完异议才可以继续进行其他销售活动，处理完这些异议客户就会决定购买。有些异议可以过一段时间再解答，如当客户没有完全了解车型特点和利益前提出价格异议、客户的异议明显有错误、异议涉及较深的专业知识、超出销售人员权限的异议等。还有些异议则可以不解答，如无法回答的奇谈怪论、容易造成尖锐争议的敏感话题、可一笑置之的戏言等。

2.五步骤

（1）认真倾听，明确异议所在

当客户表达异议的时候，一定希望有好的听众，能懂得、理解他的意思。因此无论客户说的是否有理，都应当耐心、认真地倾听，切忌打断客户，断章取义。

（2）表示认同，同意并中立化

良好的交流沟通起源于互相认同和包容，认同不等同于赞同。赞同是同意对方的看法；而认同是认可对方的感受，了解对方的想法，但并不是同意对方的看法。销售人员要做的不是赞同而是认同。认同的作用是淡化冲突，提出双方需要共同面对的问题，以利于进一步解决异议。一个有效的认同方法是重复客户的反对意见，并将语气淡化。例如，在听客户表达异议时，用点头、微笑这样的肢体语言，以及"我明白了""嗯，我能理解"等语言表示认同。

（3）重组问题，获得确认反馈

在认同了客户的想法和感受以后，销售人员要尽最大努力使客户的反对意见具体化，即客户反对的细节是什么，有哪些因素导致了客户的反对，使客户意见具体化有助于找出导致客户异议的真正原因。客户往往不会对销售人员仔细地解释为什么会提出异议，因此要听到客户详细的反对意见，销售人员必须通过自己的提问来获得。人们提问通常有两种方式：①开放式的提问，即咨询性的，询问细节的问题；②封闭式的提问，是验证性的，要求回答是与否的问题。优秀的销售人员在向客户询问反对意见的细节时，常常开始采用的是开放式的提问，鼓励客户尽量主动地细说、多说，说出更多的想法和意见，最后采取封闭式的提问方法，来确认客户的真正意见。只有听到客户真正的意见，才能有针对性地去解释和克服。例如，客户担心车辆的安全性能不够好。销售人员在倾听、认同的基础上可以重组问题："您认为哪些方面不够安全呢""您最关心的是什么配置"等。在得到客户具体确认后总结："您是对我们这款车的安全气囊、防撞梁的配置有所怀疑，对吗？"

（4）提出证据，提供解决方案

大部分的客户之所以提出异议，是期待能解决问题的。销售人员应当努力提出证据，提供解决方案，争取满足甚至超越客户的期待。例如，车辆安全性能问题，销售人员可以用权威数据来证明："我们这款车的安全气囊虽然只有4个，但采用的是最先进的多级燃爆式气囊技术，配合主动预紧式安全带，既能迅速起爆又能有效防止气囊对驾乘人员的伤害。防撞梁虽然不是很粗，但采用了超高强度材料和高刚性结构，能有效保护驾乘空间不变形。这样的安全设计，在CNCAP新车碰撞试验中获得了五星认证呢。另外还有ESP、EBD等主动安全配置为您保驾护航，您大可放心。如果您认为气囊还应该增加的话，恐怕要多花近十万元，升级到高级别的车型才有了。"

（5）从容解答，寻求客户认同

异议处理的圆满结果就是让客户认同，从而消除异议。因而要判断销售人员解答得是否恰当，唯一的标准就是客户认同。例如，安全性能异议，如果客户对汽车安全性能的专业知识了解有限，只对安全气囊感兴趣，那么销售人员就不应绕开安全气囊去谈其他配置，而应当着重讲解安全气囊的作用和原理，帮助客户更深入地了解安全气囊，并与其他同价位车型对比，逐渐让客户明白汽车的安全性能并不是由安全气囊的数量决定的。当客户认同销售人员的解答后，才会进一步接受更多的建议或交易条件。

三、客户异议处理技巧

以长远利益为目的的销售活动，既要实现产品销售，又要满足客户需求，与客户建立长期稳定的合作关系，只有将这样的双重目的统一起来，才能促进交易的达成。对于不同类型的客户和不同类型的异议，应当有不同的方法。以下几种方法是常用的客户异议处理技巧，可以供销售人员参考应用。

1.补偿客户异议法

补偿客户异议法是指销售顾问利用客户异议以外的产品优点或长处对异议涉及的短处进行补偿或抵消的一种方法。补偿法适用于客户的反对意见的确有道理的情况。这时销售顾问采取否认的态度和反驳的策略是不明智的，而通过其他方面的补偿，让客户意识到"瑕不掩瑜"时，就有可能达成交易。

一种补偿方法是：用产品的其他利益对客户进行补偿。一个产品的交易条件往往由多方面要素构成，这就构成了多方面的利益。对于汽车这样的商品来说，价格和售后服务都是构成要素。如果销售商在价格上不肯让步，那么可以在售后服务上给予购买者更多的优惠，如延长保修时间、给予维修工时优惠等，以此来有效地抵消购买者在价格要素上的异议。

另外一种补偿方法是：将异议变成卖点。客户自认为是异议的因素可能与其他因素密切相关，而这个"其他因素"恰恰就是产品的卖点，于是异议得到了补偿。例如，客户说："这款车确实不错，但油耗太高了点。"这是一种客观、真实的异议，销售顾问不应该反驳，而应该在肯定的基础上加以补偿："油耗是比另外几款高一点，但是它的动力性能也的确更好啊。对于您这样喜欢体验驾驶乐趣的车主来说，性能才是您要首先考虑的重要方面。再说这款车在高速路况下还是非常经济的，最适合您长途旅行用了。"这样的补偿既肯定了客户的看法，营造了融洽的气氛，又突出了客户的诉求重点，让客户易于接受。

2.转化客户异议法

转化客户异议法就是利用客户异议积极的一面来克服其消极的一面，将客户拒绝购买的理由转化为说服客户，使其产生购买欲望的理由。例如，顾客："这辆车的轮胎好像窄了点。"销售顾问："在抓地力足够的前提下，轮胎窄一点更省油。"又如图6-2所示的情景。

车身太轻了

车身重开起来当然更平稳，但您一定担心油耗增加吧

客户　　　　　销售

图6-2　转化客户异议

3.合并客户异议法

逐一回答客户提出的异议不仅要花费大量精力，延长洽谈时间，也有可能导致销售顾问

的观点前后矛盾而难以自圆其说。而将客户的几种异议合并起来，同时回答几个异议就可以避免陷入以上困境，也可以削弱这些异议对达成交易的影响。

当客户出于恶意反对或自我表现的需要提出一些情绪化的异议时，销售顾问不能与之争辩，以免激怒客户。最好的方法就是暂时置之不理，然后用合并客户异议的方法，将有关异议合并起来解答。如果客户提出的是真实的异议，但销售顾问暂时没有有效的解决方案或者处理这种异议的时机还不成熟，也可以用合并异议法，等时机成熟时再妥善处理。

4.细解客户异议法

细解客户异议法就是将客户的反对意见细分成许多部分，再逐一答复或与客户逐项讨论。销售顾问通过运用细解客户异议法，引导客户具体分析自己提出的购买异议，可以使客户认识到某些异议的不合理性，进而放弃异议，达成交易。

如何细解客户异议要根据销售顾问的需要和具体情况而定。有些客户异议是其根据自己的经验进行的主观判断，大多没有经过科学的分析或论证，往往比较含糊、笼统。细解客户异议的重点应该放在细解客户主要观点的论据上，并通过客户认同的逻辑推理，在客户参与讨论的过程中将其结论性的论点推翻。销售顾问在细解客户异议时要注意，不能细解客户的主要观点，否则会引起客户反感，进而妨碍交易的达成。

5.重复与削弱客户异议法

重复与削弱客户异议法是指针对某些不确切的、夸大了的反对意见，销售顾问先用婉转的语调将客户异议复述一遍，使其变得较为确切、温和，甚至改变它的性质，然后再予以答复的一种处理方法。重复与削弱客户异议法的核心是通过重复来削弱客户异议的尖锐程度，来缓和洽谈气氛。例如，客户："又涨价了，价格涨得也太快了。"销售顾问："是啊，我也有同样的感觉，价格涨得真快！"仅用重复和削弱客户异议法还不能有效转化客户异议，还需要与其他方法结合起来运用，才能最终消除客户的疑虑与问题。

6.有效比较法

有效比较法是指在洽谈过程中，销售顾问不直接反驳客户的异议，而是通过与客户对可以考证的具有可比性的事件进行比较，使产品的优点凸显出来，以此打动客户，最终消除客户异议的一种处理方法。有效比较法既适用于介绍产品的使用价值，也适用于进行产品价格、工艺水平、质量效用等方面的比较。

7.反问逼退法

反问逼退法是指销售顾问在难以说服客户的情况下，通过对客户的异议提出反问，使客户自省，进而放弃异议的一种处理方法。反问逼退法适用于洽谈气氛不融洽，客户比较固执难以说服，或者客户的反对意见确实难以答复等情况，销售顾问可以根据客户异议提出反问，变被动为主动。例如："您认为这款车的内部空间还不够大，难道您见过同价位车型里空间更大的吗？"反问逼退法是一种言辞激烈的处理方法，往往会引起客户反感，如果销售顾问的语气不够婉转，会让人觉得咄咄逼人，容易激怒顾客，因此销售顾问在采用反问逼退法一定要慎重。

8.例证借鉴证明法

例证借鉴证明法是指销售顾问通过列举让客户信服的有关实例来说服客户，从而使客户放弃异议的一种方法。在现实生活中，大多数客户出于自尊、自信的需要，都喜欢自己对事物作出判断。但由于知识、经验和判断能力等方面的限制，人们面对复杂事物时，往往无法很快认清事物的本质。有时，人们也喜欢将复杂事物简单化，那些被认为经营有方的企业的做法或者有名望的人的做法，常常被人们所推崇，认为它们是证明自己判断或选择的有力证据。这就是例证借鉴证明法的现实依据。销售顾问在使用例证借鉴证明法处理客户异议时，要注意以下几点：

①首先要了解影响客户购买行为的主要因素有哪些？在相关群体中，客户期望归属的崇拜群体是什么？他们购买或使用产品的例证对客户来说是否熟悉？

②例证要具体，并且可以查证。销售顾问不能随意编造故事来欺骗客户，例证必须是真实的，已经发生了的，最好能提供资料和有力证明。

③如果所举例证涉及自己的老客户，应注意为老客户保守商业秘密和个人隐私。

9.岔开延缓法

岔开延缓法是指在洽谈过程中，客户情绪亢奋，连续不断地提出许多异议，而销售顾问的回答时机不成熟或者回答可能导致客户提出更多的异议时，可以通过谈论其他事情将话题岔开，把眼前的异议延缓到恰当的时机再进行答复的一种异议处理方法。运用岔开延缓法时，销售顾问要注意，岔开的时机一定要恰当、自然，否则会引起客户反感。

在销售过程中，对于以下几种情况，销售顾问可以考虑延缓处理顾客的异议：

①如果销售顾问不能当即给客户一个满意的答复，应当暂时搁下，延缓处理。在汽车营销活动中，当客户提出了涉及复杂的技术细节而销售顾问又回答不了的异议时，就需要请有关技术人员来解答，这样的回答才具有更强的说服力。另外，对于一些有把握可以马上答复的客户异议，销售顾问有时也需延迟处理，以便给自己留出更多时间来思考，筛选出最佳的处理方案。

②如果销售顾问认为马上答复客户的异议，会影响自己阐明要点或影响营销方案的实施，最好不要马上回答，应延缓处理。

③如果客户提出的异议有可能会随着业务洽谈的进行而逐渐减少或消除，销售顾问可以不急于马上答复客户异议。这样，既可以减少不必要的争执，又可以节约时间。

④如果客户异议与销售顾问将要谈到的某个问题有关，可以不立即回答，可以说："请稍等一下，下面我将要谈到的问题会说明这一点的。"

总之，处理客户异议要求销售顾问对异议加以准确辨析，选取最适合的方法来应对。

四、价格异议的应对技巧

价格异议是销售中最常出现，也是最让销售人员头疼的异议，被喻为足球赛场上的"临门一脚"。处理价格异议的原则是：①非谈不可才谈，心平气和地谈；②速战速决；③不要让客户感觉没面子。处理价格异议的步骤很简单，即报价→吊价→让价成交。但过程中的技巧性很强，以下是几种常用的方法。

1.价格分摊法

客户：这款车都要近10万元啊，太贵了。

销售：您说得不错，对于咱们老百姓来说，汽车还属于高档消费品。但是，汽车和其他日常消费品不同，用个七八年不成问题。就按六年来算吧，您一年只需要花15 000元，每天只需要花41元，就能拥有一辆属于自己的汽车！何况我们这款车的保值率相当高，到您换车的时候还能以折旧价格置换，算下来您每天的花费也就30元啊！

2.转移比较法

客户：这款雅阁要22万元，太贵了，能不能便宜点？

销售：您可以这样想一下，买一套房子要多少钱呢？一般在二线城市也起码要50万元吧！车子也是耐用品，雅阁这样的中高级车才卖22万元，您还会觉得贵吗？

3.感情影响法

客户：你跟经理请示过了吗？价格怎么样？

销售：王先生，对不起！我已经告诉经理您是我们最优质的客户，又是我的朋友，可是经理说没办法，最低只能是这个价格了。

4.定金法

客户：好吧，就这个价格，我明天过来签合同。

销售：王先生，您也看得出我们这款车的销量很好，您明天过来，恐怕您喜欢的颜色会被其他客户买了。

客户：可是我今天没带这么多钱。

销售：这样吧，今天您先交个定金，我立即为您下单，另外再赠送您一瓶车用香水，您看可以吗？

客户：那好，我就先交5 000元定金吧！

关于处理价格异议，还有如下一些注意事项：

①确认客户对车型感兴趣，有明显的购买意向再谈价格；

②站在客户的立场上，让客户感觉受到帮助；

③回绝客户出价后，一定要强调车型的优势和利益；

④让价要分几步，不可一次到底；

⑤不做无理由的让价，应该表现出让价只是对于客户的赞赏，并适时提出请客户帮忙推介的要求；

⑥最后的价格必须让客户感觉是最低的价格。

五、客户投诉的处理流程

客户异议最严重的情形就是投诉。客户投诉较多出现在售后阶段，常见的有关于服务质量、价格、车辆质量、售后索赔、维修服务等方面的投诉。投诉跟异议一样，只要处理得当，并不是销售的灾难。应对客户投诉时，销售及相关人员在态度上应做到：维护品牌形象；维护企业有形、无形的利益，同时维护顾客满意度与忠诚度，争取双赢；极力控制投诉案情并避免扩大。4S店一般的客户投诉处理流程见表6-2。

表6-2　4S店一般的客户投诉处理流程

步骤	内　容
1	任何人在接到客户投诉意见后，第一时间应向客户道歉并记录投诉内容和其他相关内容，如时间、地点、人员、事件经过、其结果如何等，了解投诉事件的基本信息，并初步判断客户的投诉性质，在1 h内上报客户经理或客户服务中心，由客户经理或服务中心立即填写《客户信息反馈处理单》
2	客户服务中心立即给该《客户信息反馈处理单》进行编号并简单记录基本信息：车牌号、填单人姓名、内容概要
3	客户经理在24 h内协同被反馈部门完成责任认定并对责任人提出处理意见后，完成与客户的沟通，并将《客户信息反馈处理单》转给管理部
4	管理部在接到《客户信息反馈处理单》后，在4 h内根据公司文件对处理意见进行复核，对认可的处理出具过失处理意见；对有异议的，召集客户经理和相关部门进行协商。在4 h内，将处理结果上报主管总经理，同时将主管总经理的处理意见反馈给客户经理和相关部门执行
5	管理部在8 h内根据最终处理意见实施责任追究、过失沟通，完成最终的《客户信息反馈处理单》并于当日转客户服务中心
6	对于当时无法确定投诉具体问题和责任，客户不在场或没有时间投诉的，在《未了事宜台账》上记录，留待以后处理
7	客户服务中心对处理完毕的《客户信息反馈处理单》，有客户经理明确标明需要回访的客户，在24 h内进行回访
8	对于重大客户投诉，客户经理应在请示主管总经理后上门拜访客户

任务拓展

著名营销大师戈德曼提出了一种比较好的处理客户异议的准备方法：

（1）在一张空白纸的中间画一条直线，在直线的左边把顾客可能提出的异议一一列出，并加注小标题；在直线的右边，把自己认为最好的处理异议的方法简要地写下来，如表6-3所示。

表6-3　处理异议的方法简表

客户异议类型	处理方法及编号
A. 价格异议 ① ② ③	① ② ③
B. 需求异议 ① ② ③	① ② ③
……	……

（2）然后分别去征求同事、上级、朋友甚至是关系较密切的客户意见，从中得到有益的启示，完善处理异议的方法。

（3）最后，通过综合分析、比较、选择，将纸上记录好的处理异议的方法挑选出来，并据此与同事们进行模拟训练，一个扮客户，一个扮销售顾问，直至熟练地掌握这些处理方法。

（4）在此基础上，销售顾问要根据日常工作的实际情况以及自己积累的经验，经常地、不断地对这张表格进行补充，如补充新的客户异议及其处理方法、淘汰实践中证明无效的处理方法。

这样，充分做好处理客户异议的准备工作，能使销售顾问胸有成竹地排除各种顾客异议，顺利地开展工作。

请同学们在市场调查的基础上，开展这样的书面准备活动。

任务检测

一、填空题

1. 处理客户异议的三原则分别是_____、_____、_____。

2. 补偿客户异议法是指，客户提出确实存在的客观异议后，销售顾问利用异议以外的该产品的_____对异议涉及的短处进行_____的方法。

二、多项选择题

1. 处理客户异议的5个步骤包括（　　　）。

    A. 认真倾听，明确异议所在　　　　　　B. 表示认同，同意并中立

    C. 重组问题，获得确认反馈　　　　　　D. 从容解答，寻求客户认同

    E. 提出证据，提供解决方案　　　　　　F. 求助上级，获得支援

2. 以下哪些情况下可以采用岔开延缓法？（　　　）

    A. 销售顾问不能当即给客户一个满意的答复

    B. 客户提出的异议有可能会随着业务洽谈的进行而逐渐减少或消除

    C. 如果客户异议与销售顾问将要谈到的某个问题有关

    D. 客户提出非常刁难的问题，销售顾问难以说服客户

三、简答题

1. 简述细解客户异议法的主要内容，并举例说明。

2. 简述例证借鉴证明法的内容以及运用这种方法应注意问题。

评价与反思

评价表

序号	考核项目	考核内容	配分	评分标准	得分
1	心理准备	客户异议的心理准备	40	能做好处理客户异议的心理准备	
2	客户异议的原则与技巧	（1）客户异议的原则 （2）客户异议的步骤 （3）客户异议的技巧	20	能说出处理客户异议的原则	
			20	能说出处理客户异议的步骤	
			20	能说出处理客户异议的技巧	

反思

1. 处理客户异议在销售过程中的重要性如何？
2. 应当如何提高销售顾问处理客户异议的能力？

项目七 汽车法律法规

有关汽车的法律法规对汽车行业的发展影响深刻，作为汽车销售顾问，需要了解的基本法律法规包括三包法、合同法、产品质量法、保险法、消费者权益法、道路交通安全法、治安管理处罚条例等。

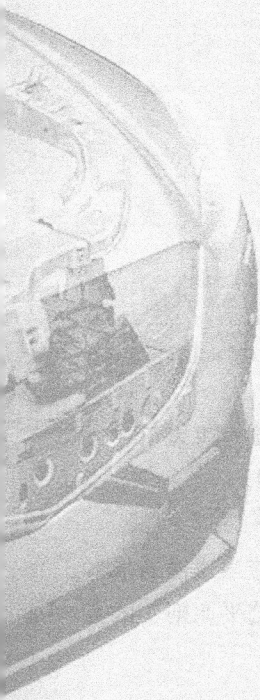

任务一　合同法

任务描述

本任务主要讲述有关汽车法律法规中相关合同的概念、合同的具体内容、怎样进行合同的审核、如何签署购车合同以及合同的具体内容和注意事项等。

关键点：合同的概念、购车合同的签订。

任务目标

完成本任务的学习后，你应能：

★ 描述合同的概念；

★ 描述汽车销售合同的内容；

★ 了解合同审核及签署。

建议课时：1课时。

任务实施

一、合同的概念

1. 合同的定义

合同是双方当事人为了设立、变更或终止民事法律权利义务关系而达到意思表示一致的文书。合同的种类很多，汽车销售顾问必须了解汽车销售合同的相关知识。

2. 合同订立的原则

合同订立的过程就是合同写作的过程。合同法规定了订立、履行合同应当遵循的基本原则，这些基本原则也是合同写作应当遵循的，即平等原则、自愿原则、公平原则、诚实信用原则、合法原则。

二、合同的构成要素

1.合同当事人的名称（或姓名）和住所

它是每一份合同必须具备的条款。当事人是合同法律关系的主体，合同中如果不写明当事人，就无法确定权利的享受者和义务的承担者，因此，订立合同时，不仅要把各方当事人都写到合同中去，而且要把各方当事人的名称（或姓名）和住所都记载准确、清楚。

2.合同的标的

它是指合同当事人双方权利和义务所共同指向的对象。没有标的即没有客体，没有客体的合同关系就会失去目的和意义。因此,标的是合同成立的必备条款。

3.质量和数量

质量是指标的的具体特征，如商品的品种、型号、规格、等级和工程项目的标准等。数量是指标的的数量。在大多数合同中，数量是必备条款。对于有形财产，数量是对单位个数、体积、面积、长度、容积、质量等的计量；对于无形财产，数量是个数、件数、字数以及使用范围等多种量度方法；对于劳务，数量为劳动量；对于工作成果，数量是工作量及成果数量。合同的数量要准确，应选择使用双方当事人共同接受的计量工具。

4.价款或酬金

价款一般是指对提供财产的当事人支付的货币，如买卖合同的货款、租赁合同的租金等。酬金一般是指对提供劳务或者工作成果的当事人支付的货币，如保管合同中的保管费、仓储合同中的仓储费等。

5.合同履行期限

它是指合同中规定的一方当事人向对方当事人履行义务的时间界限。它是衡量合同能否按时履行的标准。

6.合同的履行地点和履行方式

合同的履行地点是指合同规定的当事人履行合同义务和对方当事人接受履行的地点。履行地点关系到履行合同的费用、风险由谁承担，有时还是确定所有权是否转移、何时转移的依据，也是发生纠纷后确定由哪一地法院管辖的依据。履行方式是指合同当事人履行合同义务的具体做法。不同种类的合同，有着不同的履行方式。有的需要以转移一定财产的方式履行，如买卖合同；有的需要以提供某种劳务的方式履行，如运输合同；有的需要以交付一定的工作成果的方式履行，如承揽合同等。履行方式还包括价款或者报酬的支付方式、结算方式等。

7.违约责任

它是指合同当事人一方或者双方不履行合同义务或者履行合同义务不符合约定时，按照法律或者合同的规定应当承担的法律责任。当事人为了保证合同义务严格按照约定履行，为了及时地解决合同纠纷，可以在合同中明确规定违约责任条款，如约定定金或违约金、赔偿金额以及赔偿金的计算方法等。

8.解决争议的方法

它是指合同当事人对合同的履行发生争议时解决的途径和方式。解决争议的方法主要有：当事人协商和解、第三人调解、仲裁、诉讼。解决争议方法的选择对于纠纷发生后当事人利益的保护是非常重要的，应慎重对待。

三、合同审核及签署

合同一经签署，即成为具有法律效力的文件。所以，在合同撰写完毕之后，签字之前，必须对其进行严格的审核，当确认合同内容与签字人都没有异议之后，方能签字。

一般的汽车销售合同是在有关管理机关备过案的格式合同。买卖双方在没有大的分歧情况下，是不对合同的条款进行修改的。但对于单位客户而言，由于其采购的特殊性，合同的格式和条款会因谈判的内容与结果而有所调整，因此在正式签字前，要进行如下的审核。

1.文字性审核

它是指审核合同文字是否严谨、准确地表达了谈判内容。合同要用恰当的语言表达，最忌模棱两可，坚决反对使用歧义性文字。如审核中发现问题时，应立即提出。若为纯文字性的而非实质性的问题，可直接修正。如果对方故意将意思弄错，应耐心、友善地再协商，直到双方意见达成一致，方可签字。

2.一致性审核

它是指审核合同与谈判内容是否一致。如果是正式的谈判，在谈判过程中，都应有会议记录，以供查证。谈判中的特定定义、解释、说明等，最好在双方确认后放在合同书的附录之内，以免事后发生争执。尤其是一定要将一些有弹性的话所特指的内容及范围记录下来，附在合同书后面，以免后患。如果发现遗漏而需要添加内容时，一定要立即提出修改。特别注意合同中的数据、标点符号，不得有丝毫差错。

3.合法性审核

它是指审核此次谈判是否为合法行为，有关手续是否完备。

4.有效性审核

一是签署人的资格审核，应了解对方代表的权利是否完整或授权是否充分，有无签署合同的权利。如果没有此项权利，签署的合同是不受法律保护的。二是合同内容审核，合同内容不能有互相矛盾之处，否则签署的合同即视为无效合同。

友情提示

签署合同时的注意事项：
本人亲自签署；
带上证件；
仔细阅读；
留下双方有效电话；
保留发票。

四、汽车销售合同

汽车销售合同是汽车销售企业与客户双方为实现汽车产品买卖而明确双方权利义务关系的协议，也是保证双方权益的一个不可缺少的依据。订立合同是每一位销售顾问都必须掌握的一种基本技能。

下面以一份贷款合同和全额合同为例，介绍购车合同的主要内容。

【案例7-1】

汽车销售合同

甲方：××汽车销售有限公司

乙方：

甲方、乙方就乙方向甲方购买汽车并办理按揭或乙方通过其他汽车销售商购买汽车后委托甲方办理汽车按揭相关手续等有关事宜，经友好协商，签订本合同。

一、汽车型号及金额

汽车品牌：＿＿＿＿＿＿＿＿ 型号：＿＿＿＿＿＿＿＿

发动机号：＿＿＿＿＿＿＿＿ 车架号：＿＿＿＿＿＿＿＿

车价：＿＿＿＿＿＿＿＿

二、购车方式

1.乙方向甲方购买车辆。

2.乙方向汽车销售商购买车辆，委托甲方办理汽车按揭手续。

三、交车时间、地点及方式

1.乙方向甲方购买的车辆，交车时间、地方以乙方提车确认单为准。

2.乙方向汽车销售商购买的车辆，交车时间、地点以汽车经销商及乙方签名盖章的提车确认单为准。

四、付款方式及期限

乙方按下列两种方式及期限付款。

1.一次性付款

乙方于本合同生效的当日一次性付清全部车款××元。

2.分期付款

乙方于本合同生效的当日首付××元，其余车款乙方委托甲方向××银行××××支行申请汽车消费贷款，年限_____、按揭比例_____、金额（大写）_____。

五、权利与义务

1.汽车销售商向乙方出售的汽车，质量必须符合国家颁布的汽车质量标准。

2.汽车销售商向乙方出售的汽车，必须是在《全国汽车、民用改装车和摩托车生产企业及产品目录》上备案的产品或经交通管理部门认可的汽车。

3.汽车销售商向乙方出售汽车时必须真实、准确介绍所售车辆的基本情况。

4.乙方通过其他汽车销售商购买的车辆，乙方负有审查所购车辆证件及发票、手续是否齐全、真实的责任，若因此而产生的风险及责任与甲方无关。

5.乙方应对所购车辆的功能及外观进行认真检查、确认。

6.如乙方所购车辆发生质量问题，甲方协助乙方或协助汽车销售商与生产厂家的维修站联系、解决。

六、有关汽车按揭的约定

乙方委托甲方办理汽车按揭手续的，乙方应切实履行如下义务。

1.乙方自提车之日起至银行贷款发生之日止，必须配合甲方及银行的资信调查工作，不得以任何理由推脱。

2.乙方提车后，必须及时上牌，并把车辆登记证及购车发票原件交与甲方。

3.按揭期内，乙方未经银行同意，不得将抵押车辆私自转让给他人；如私自转让，乙方承担由此引发的全部法律责任。

4.乙方在按揭期内，必须严格履行还款义务，不得以经营状况不良或交通事故等原因而影响还款义务的履行。

5.乙方不得以所购车辆发生质量问题为由，影响还款义务的履行。

6.乙方签订本合同及银行贷款合同后，应严格履行，不得私自更改抵押权人，若由此而生的抵押问题，乙方承担全部责任。

7.甲方为乙方办理按揭贷款手续的费用（含保证金、续保订金、担保手续费、工本费等），由乙方承担。乙方贷款期内必须履行保险义务，乙方的续保定金在贷款期最后一年冲抵保金，相关手续由甲方负责办理。若乙方不履行保险义务，由此产生的法律后果由乙方承担。

8.乙方若变更住址及联系电话，必须在变更后三日内通知甲方及贷款银行，否则应承担由此而产生的法律责任。

七、违约责任

1.本合同生效后，一方不履行合同的，应依法承担违约责任；造成另一方损失的还应赔偿对方的损失。

2.乙方不履行按揭付款义务的，除按按揭贷款合同承担法律责任外，还应赔偿甲方由此而造成的损失（包括利息、罚息、调查费、律师代理费等）。

八、合同争议解决的方式

本合同履行过程中若有争议，双方应友好协商解决，若协商不成，任何一方均可向甲方所在地的人民法院诉讼解决。

九、本合同所指的汽车销售商，是指乙方所购汽车的开票单位。

十、本合同一式三份，签字盖章之日起生效。甲、乙双方各执一份，贷款银行务案一份。

甲方：××汽车销售有限公司　　　　　乙方：
联系电话：　　　　　　　　　　　　　联系电话：
　　年　　月　　日　　　　　　　　　　年　　月　　日

【案例7-2】

汽车销售合同

甲方（销售方）：_____
乙方（购买方）：_____
地址：_____　电话：_____
证件类型：_____　证件号码：_____

甲乙双方依据《中华人民共和国合同法》及其他相关法律法规的规定，在平等、自愿、协商一致的基础上，就乙方购买甲方商品汽车等事宜，订立本合同。

第一条：产品与价款

序号	产品品名	车型	车架号	颜色	单价	数量	总价

第二条：付款时间和方式

1.付款时间：□ 签订本合同当天支付本合同总金额给甲方 □ 在本合同签

订之日乙方向甲方支付人民币_____元（人民币）作为定金，余款__元（人民币）须在_____前付清。

2. 付款方式：现金□　支票□　电汇□　银行汇票□　银行转账□　分期付款□
乙方应在本合同约定时间内，将合同总金额支付给甲方。

3. 分期付款：首付_____元，贷款_____元（人民币）。费用明细：（详见缴费清单）注：只有在金融公司批准乙方的贷款申请后，本合同方可生效。

第三条：交车时间与地点、交付及验收方式

1. 交车时间：_____年_____月_____日。
交车地点：_____。

2. 车辆交付时，甲方须同时提供随车资料。因车辆属特殊消费品，乙方应对所购车辆外观和基本使用功能等进行认真检查、确认，如有异议乙方应当场向甲方提出。

第四条：其他

1. 本合同的未尽事宜及本合同在履行过程中需变更的事宜，双方应通过订立补充条款或补充协议进行约定。本合同的补充条款、补充协议及附件均为本合同不可分割的部分。_____

_____

2. 以上所有条款的内容双方自愿签订。甲方对本合同的条款已向乙方明确解释，乙方表示完全理解并签字认可。

3. 本合同自双方签字或盖章之日起生效，本合同一式两份，具有同等效力，其中甲、乙双方各执一份。

甲方（盖章）　　　　　　　　乙方（盖章）
法定代表/代理人签字：　　　　法定代表/代理人签字：
电话：　　　　　　　　　　　电话：
销售代表（签字）：
电话：

　　　　　　　　　　　　　　日期：_____年_____月_____日

做一做

组队到4S店参观，看看各个4S店的销售合同样本。

任务检测

一、填空题

1. 汽车销售合同是购车人与_____签订的正式购销合同。

2. 合同一经_____，即成为具有法律效力的文件。

3. 特别注意合同中的_____、_____，不得有丝毫差错。

4. 合同内容不能有互相矛盾之处，否则签署的合同视为_____合同。

5. 解决争议的方法是指合同当事人对合同的履行发生争议时解决的_____。

二、选择题

1. 下列属于合同签署审核内容的有（　　）。

　　A. 有效性　　　　　　B. 同一性　　　　　　C. 一致性　　　　　　D. 合法性

2. 履行合同应当遵守的基本原则有（　　）。

　　A. 自愿　　　　　　　B. 公平　　　　　　　C. 诚信　　　　　　　D. 合法

3. 销售合同所包含的内容有（　　）。

　　A. 按揭　　　　　　　B. 违约责任　　　　　C. 双方身份证号码　　　D. 车型

三、简答题

1. 合同的概念是什么？

2. 合同的构成要素有哪些？

3. 解决争议的方法有哪些？

评价与反思

评价表

序号	考核项目	考核内容	配分	评分标准	得分
1	合同的基本概念	合同的定义；合同订立的原则	10	能描述合同的概念	
			20	能描述合同订立的原则	
2	合同的内容	合同的构成要素；合同的审核	20	能描述合同的构成要素	
			20	能描述合同的审核内容	
3	汽车销售合同	汽车销售合同的概念；汽车销售合同的条款	10	能说出汽车销售合同的概念	
			20	能解释汽车销售合同中的条款	

反思

1. 什么是合同转让？

2. 什么是违约金？

3. 定金和订金的区别是什么？

任务二　消费者权益保护法

任务描述

本任务主要讲述消费者权益保护法的含义、概念、特征以及消费者的权利和经营者的义务。在学习的过程中主要需要明白如何保护消费者和经营者的权利，并且履行消费者和经营者的义务。

关键点：消费者权益保护法的概述、消费者的权利和经营者的义务。

任务目标

完成本任务的学习后，你应能：

★ 描述消费者权益保护法的含义；
★ 描述消费者权益保护法的特点；
★ 描述消费者的权利；
★ 描述经营者的义务。

建议课时：1课时。

任务实施

一、消费者的含义

《消费者权益保护法》的核心主体是消费者，是保护消费者的合法权益的法律，所以在学习《消费者权益保护法》之前，应首先明确"消费者"的含义和概念。

消费者是指为了生活消费需要购买、使用商品或者接受服务的个人。其具有以下几个特征：

• 消费的主体是个人；
• 消费的性质是生活消费；
• 消费的客体是商品或服务；
• 消费的方式是购买、使用或接受服务；
• 消费者购买、使用的商品或接受的服务是由经营者提供的。

二、《消费者权益保护法》的特点和适用范围

为保护消费者的合法权益，维护社会经济秩序，促进社会主义市场经济健康发展，在1993年10月31日第八届全国人大第4次会议上通过了《消费者权益保护法》，该法自1994年1月1日起实施。

1. 特点

①《消费者权益保护法》规定了消费者的权利，却没有规定消费者相关的义务。这说明该法着重在于保护消费者的利益。

②《消费者权益保护法》强调经营者与消费者处于平等的地位。

③《消费者权益保护法》中提及消费者的权益有9项，表明我国有关消费者权益的法律已经逐渐与发达国家接轨。

④《消费者权益保护法》鼓励、动员全社会为保护消费者的合法权益共同承担责任，对损害消费者权益的不法行为进行全方位监督。

2. 适用范围

①消费者为生活消费需要购买、使用商品或者接受服务，其权益受《消费者权益保护法》保护。

②经营者为消费者提供其生产、销售的商品或者服务，应当遵守《消费者权益保护法》。

③农民购买、使用直接用于农业生产的生产资料参照《消费者权益保护法》执行。

三、消费者的权利和经营者的义务

1. 消费者的权利

《消费者权益保护法》明确说明了消费者应当享有的9项权益，具体如下：

（1）安全保障权

安全保障权是消费者的最基本权利，其权利内容有：消费者在购买、使用商品或者接受服务时享有人身、财产安全不受损害的权利；消费者有权要求经营者提供的商品和服务，符合保障人身、财产安全的要求。

（2）知情权

消费者享有知悉其购买、使用的商品或者接受的服务的真实情况的权利。消费者有权根据商品或者服务的不同情况，要求经营者提供商品的价格、产地、生产者、用途、性能、规格、等级、主要成分、生产日期、有效期限、检验合格证明、使用方法说明书、售后服务，或者服务的内容、规格、费用等有关情况。

（3）自主选择权

消费者享有自主选择商品或者服务的权利。

（4）公平交易权

消费者在购买商品或者接受服务时，有权获得质量保障、价格合理、计量正确等公平交易条件，有权拒绝经营者的强制交易行为。

（5）依法求偿权

消费者因购买、使用商品或者接受服务受到人身、财产损害的，享有依法获得赔偿的权利。求偿的内容包括：人身损害赔偿和财产损害赔偿。

（6）依法结社权

消费者有为了维护自身合法权益而依法组织社会团体的权利。

（7）接受教育权

消费者具有获得消费和消费者权益保护方面的知识以及获得所需商品或服务的有关知识和使用技能的权利，消费者的受教育权是公民教育权的一个重要组成部分。

（8）维护尊严权

消费者在购买、使用商品或接受服务时享有人格尊严、民族风俗习惯受到尊重的权利。

（9）监督批评权

消费者享有对商品和服务以及保护消费者权益的工作进行监督的权利。

2. 经营者的义务

经营者的义务主要是经营者与消费者之间的一种平等主体间的义务，主要有以下几个方面：

（1）依法定或约定履行的义务

经营者向消费者提供商品或服务，应当按照《产品质量法》和其他有关法律法规的规定履行义务。此外，经营者与消费者有约定的，应当按照约定履行义务，但双方约定不得违背法律、法规的规定。

（2）听取意见和接受监督的义务

经营者应当听取消费者关于商品或者服务的看法、批评和建议，把消费者的意见作为改进商品质量、提高服务水平的重要依据，自觉接受消费者的监督和考察。

（3）保障人身和财产安全的义务

经营者应当保证其提供的商品或者服务符合保障人身、财产安全的要求。

（4）提供真实信息的义务

经营者应该提供商品的真实信息、不做引人误解的虚假宣传、对顾客的疑问作出明确的答复以及应对所提供商品进行明码标价。

（5）出具凭证和单据的义务

经营者提供商品或服务，应当按照国家有关规定或者商业惯例向消费者出具购货凭证或者服务单据。

（6）提供符合要求的产品或服务的义务

经营者应当保证在正常使用商品或者接受服务的情况下，其提供的商品或者服务应当具有符合要求的质量、性能、用途和有效期限。

（7）履行"三包"或其他责任的义务

经营者提供商品或服务，应当按照国家规定或者与消费者的约定，承担包修、包换、包退或者其他责任的，应当按照国家规定或者约定履行，不得故意拖延或者无理由拒绝。

（8）遵守公平交易的义务

经营者不得以格式合同、通知、声明、殿堂告示等单方意思表示的方式作出对消费者不公平、不合理的规定。

（9）尊重消费者人格尊严的义务

经营者应该尊重消费者的人格尊严，不得对消费者进行侮辱、诽谤，不得搜查消费者的身体以及携带的物品，不得侵犯消费者的人身自由。

（10）表明经营者真实名称和标记的义务

经营者应当表明其真实名称和标记。柜台和场地的经营应当表明其真实的名称（姓名）和标记。

【案例分析】

消费者投诉反映其所购吉普车，在购买一周后就出现了行驶中跑偏的现象。严重时车辆跑偏45°左右，至今在4S店已维修5次，仍未修好，前后维修时间达到20天，经销商也没有为消费者提供备用车。

分析：《汽车三包》第十九条："在家用汽车产品包修期内，因产品质量问题每次修理时间(包括等待修理备用件时间)超过5日的，应当为消费者提供备用车，或者给予合理的交通费用补偿。"

任务拓展

3·15国际消费者权益日的节日宗旨

①向消费者提供信息，对消费者进行教育，提高消费者维护自身权益的意识和能力。

②处理消费者投诉，帮助消费者挽回损失。

③搜集消费者的意见并向企业反馈。

④打造舆论，宣传消费者的权利，形成舆论压力，以改善消费者的地位。

> **做一做**
>
> 从网络或者现实中，找寻一个有关消费者权益的案例，进行分析，了解消费者权益法。

⑤参与国家或政府有关消费者法律和政策的制定，并要求政府建立消费者行政体系，处理消费者问题。

⑥成立消费者团体，确定消费者主权。

⑦加强消费者国际团体的联系及合作。

任务检测

一、填空题

1. 消费者的权利有_____、_____、_____、_____、_____、_____、_____、_____。

2. 经营者的义务有_____、_____、_____、_____、_____、_____、_____。

3. "三包"指的是_____、_____、_____。

二、选择题

1.尊重消费者人格尊严不包括（　　）。

A.不得进行侮辱 　　　　　　　　　B.不得进行诽谤

C.不得进行私下来往 　　　　　　　D.不得搜查

2.消费者因购买、使用商品受到人身、财产损害的（　　）。

A.不享有尊重的权利 　　　　　　　B.不享有人身赔偿

C.享有财产赔偿的权利 　　　　　　D.享有退款的权利

三、简答题

1.简述《消费者权益保护法》的特点。

2.遵守公平交易的义务包括哪些内容?

3.消费者的知情权指什么?

评价与反思

评价表

序号	考核项目	考核内容	配分	评分标准	得分
1	《消费者权益保护法》概述	消费者的含义;《消费者权益保护法》的特点和适用范围	10	能描述消费者的含义	
			30	能叙述《消费者权益保护法》的特点和适用范围	
2	消费者的权益和经营者的义务	消费者享有的权益内容;经营者遵守的义务内容	30	能描述消费者享有的9项权益	
			30	能描述经营者遵守的10项义务	

反思

1.侵害消费者合法权益的法律责任是什么?

2.3.15国际消费者权益日的历史由来，你知道吗?

任务三　汽车保险法

任务描述

由于道路交通情况复杂、车辆行驶速度快，或受自然灾害影响，车辆极易发生意外事故，从而导致车辆损坏、财产损失或人员伤亡，所以我国对机动车实行强制保险制度。本任务主要讲述汽车交强险和商业车险的概念、承保政策、投保流程等。

关键点：交强险和商业车险的概念、车险投保流程。

任务目标

完成本任务的学习后，你应能：

★ 描述交强险的概念；

★ 描述商业车险的概念；

★ 描述交强险和商业三者险的区别；

★ 熟悉车险投保流程；

★ 计算保险赔偿金额。

建议课时：2课时。

任务实施

机动车辆保险（以下简称"车险"）包括两个部分：机动车交通事故责任强制保险（简称交强险）和商业车险。

一、交强险

1. 交强险的概念

交强险是指由保险公司对被保险机动车发生道路交通事故造成本车人员、被保险人以外的受害人的人身伤亡或财产损失，在责任限额内予以赔偿的强制性责任保险。

适用对象：所有上道路行驶的机动车辆，包括摩托车、拖拉机和挂车。

2. 交强险的特点

①依据国家颁布的《道路交通安全法》制定和实施，具有强制性；

②社会公益性；

③不追求营利；

④突出保障受害人利益，兼顾投保人、被保险人利益；

⑤相应弱化了保险人的利益（有别于一般经济合同）；

⑥保障广泛化，实行"无过错责任"赔偿原则，无免赔额和免赔率。

3. 交强险的赔偿额度

被保险人在使用被保险机动车过程中发生交通事故，致使受害人遭受人身伤亡或者财产损失，依法应当由被保险人承担的损害赔偿责任，保险人按照交强险合同的约定对每次事故在下列赔偿限额内负责赔偿（表7-1）。

表7-1 汽车保险费率调整系数表

被保险机动车在道路交通事故中 有责任的赔偿限额	被保险机动车在道路交通事故中 无责任的赔偿限额
死亡伤残赔偿限额：110 000元	死亡伤残赔偿限额：11 000元
医疗费用赔偿限额：10 000元	医疗费用赔偿限额：1 000元
财产损失赔偿限额：2 000元	财产损失赔偿限额：100元

4. 交强险的免赔情况

出现以下4种情况，保险人不负责赔偿和垫付：

①因受害人故意造成的交通事故的损失。

②被保险人所有的财产及被保险机动车上的财产遭受的损失。

③被保险机动车发生交通事故，致使受害人停业、停驶、停电、停水、停气、停产、通信或者网络中断、数据丢失、电压变化等造成的损失，以及受害人财产因市场价格变动造成的贬值、修理后因价值降低造成的损失等其他各种间接损失。

④因交通事故产生的仲裁或者诉讼费用以及其他相关费用。

5. 交强险费率浮动

2007年6月27日颁布《交强险费率浮动暂行办法》。

图7-1 交强险标志

①从2007年7月1日起签发的交强险保单（图7-1），按照本办法，实行交强险费率与道路交通事故相联系浮动。

②交强险最终保险费的计算方法是：交强险最终保险费=交强险基础保险费×（1+与道路交通事故相联系浮动比率A），如表7-2所示。

③交强险费率浮动标准根据被保险机动车所发生的道路交通事故计算。摩托车和拖拉机暂不浮动。

6. 几种特殊情况的交强费率浮动方法

①首次投保交强险的机动车费率不浮动。

②机动车临时上道路行驶或境外机动车临时入境投保短期交强险的，交强险费率不浮动。

表7-2 交强险费率浮动标准

种类	种类	浮动因素	浮动比率
与道路交通事故相联系的浮动A	A_1	上一个年度未发生有责任道路交通事故	-10%
	A_2	上两个年度未发生有责任道路交通事故	-20%
	A_3	上三个及以上年度未发生有责任道路交通事故	-30%
	A_4	上一个年度发生一次有责任不涉及死亡的道路交通事故	0
	A_5	上一个年度发生两次及两次以上有责任道路交通事故	10%
	A_6	上一个年度发生有责任道路交通死亡事故	30%

③机动车距报废期限不足一年的，根据交强险短期基准保险费并按照《交强险费率浮动暂行办法》浮动。

④机动车上一期交强险保单期满后未及时续保的，浮动因素计算区间仍为上期保单出单日至本期保单出单日之间。

⑤短期险保期限内未发生道路交通事故的，投保下一完整年度交强险时，交强险费率不下浮。

二、商业车险简介

商业车险是指投保人根据合同约定，向保险人支付保险费，保险人对于合同约定的可能发生的事故因其发生所造成的财产损失承担赔偿保险金责任，或者当被保险人死亡、伤残、疾病或者达到合同约定的年龄、期限等条件时承担给付保险金责任的商业保险行为。

商业车险的构成如下：

基本险（8个）：机动车第三者责任保险、家庭自用汽车损失保险、非营业用汽车损失保险、营业用汽车损失保险、特种车保险条款、摩托车、拖拉机保险条款、机动车车上人员责任保险条款、机动车盗抢保险条款。

机动车提车保险条款（4个）：机动车损失保险，第三者责任保险，车上人员责任保险，通用条款。

附加险条款（24个）：玻璃单独破碎险条款、车身划痕损失险条款、可选免赔额特约条款、不计免赔率特约条款、火灾、爆炸、自燃损失险条款、新增加设备损失保险条款、发动机特别损失险条款、机动车停驶损失险条款、附加换件特约条款、随车行李物品损失保险条款、新车特约条款A、新车特约条款B、车上货物责任险条款、附加交通事故精神损害赔偿责任保险条款、教练车特约条款、附加油污污染责任保险条款、附加机动车出境保险条款、异地出险住宿费特约条款、法律费用特约条款、多次事故免赔率特约条款、节假日行驶区域扩展特约条款、特种车保险批单（起重、装卸、挖掘车辆损失扩展条款、特种车辆固定设备、仪器损坏扩展条款）。

1. 特点

①遵循自愿原则，即客户自愿投保，可以不买商业险。

②保障更全面、更充分，不只是对第三者的赔偿，还有车损类的赔偿；商业行为，即以营利为目的。

2. 责任限额

①车损险以新车购置价为保险金额，新车购置价含有购置税，不是裸车价格。

②三责险选择不同的限额档次，如5万元、10万元、15万元、20万元、50万元、100万元以及100万元以上（以50万元为基数）等。

③自燃、盗抢以实际价值为保险金额，即新车购置价扣除折旧。

3. 责任免除

①车损险：正常磨损和自然朽蚀、故障；地震及其次生灾害；违章操作行为；车上货物撞击；自燃（非营业、特种车为保险责任）；轮胎单独损坏和玻璃单独破碎；车辆在淹及排气筒的水中启动或被水淹后操作不当致使发动机损坏。

图7-2 第三者责任险

②第三者责任险（图7-2）：被保险人或其允许的驾驶员所有或代替的财产；私有、个人承保车辆的被保险人或其允许的驾驶员及其家庭成员，以及他们所有或代管的财产以及本车上的一切人员和财产。

③车上人员责任险：违法违章搭乘；车上人员因疾病、分娩、自残、斗殴、自杀、犯罪行为造成的自身伤亡。

4. 商业车险保费计算

①标准保费：根据费率表直接查出或计算得出保费。

②实交保费：在标准保费基础上，通过进行风险修正或费率浮动以后，投保人实际需要向保险人支付的保险费，也称签单保费。

③第三者责任险基准保险费计算方法

根据保险车辆的使用性质、被保险人单位性质、保险车辆的种类、客车座位数/货车吨位数/特种车用途/摩托车排气量/拖拉机功率和投保责任限额在商业第三者责任险费率表中查出标准保费。挂车按照使用性质对应同吨位货车保费的30%收取。

例如：假定某5座家庭自用车投保三者险，责任限额为15万元，从表7-3中直接查得对应的基础保费为1 240元。

5. 车辆损失险标准保费计算方法

根据保险车辆的使用性质、被保险人单位性质、保险车辆的种类、座位/吨位/特种车用途和车龄在车辆损失费率表中查出基础保费和费率，如表7-4所示，计算出标准保费。摩托车根据排气量，拖拉机根据功率和用途在车损险费率表中查找对应的基础保费和费率。

标准保费=基础保费+保额×费率

表7-3　第三者责任险基准保障费

家庭自用汽车与非营业用车		第三者责任保险				
		5万元	10万元	15万元	20万元	30万元
家庭自用汽车	6座以下	785	1 099	1 240	1334	1 491
	6~10座	672	941	1 061	1142	1 276
	10座以上	672	941	1 061	1142	1 276
企业非营业客车	6座以下	773	1 082	1 221	1314	1 468
	6~10座	769	1 077	1 216	1308	1 462
	10座以上	901	1 261	1 423	1531	1 711
	20座以上	1121	1 569	1 770	1905	2 129
党政机关、事业团体非营业客车	6座以下	652	913	1 030	1108	1 239
	6~10座	624	874	987	1061	1 186
	10座以上	745	1 042	1 177	1266	1 415
	20座以上	1 025	1 435	1 619	1742	1 947

表7-4　车辆损失险费率表

家庭自用汽车与非营业用车		机动车损失保险					
		1年以下		1~2年		2~6年	
		基础保费（元）	费率	基础保费（元）	费率	基础保费（元）	费率
家庭自用汽车	6座以下	630	1.50%	600	1.43%	594	1.41%
	6~10座	756	1.50%	720	1.43%	713	1.41%
	10座以上	756	1.50%	720	1.43%	713	1.41%
企业非营业汽车	6座以下	385	1.28%	367	1.21%	363	1.20%
	6~10座	462	1.21%	440	1.15%	436	1.14%
	10~20座	462	1.30%	440	1.24%	436	1.23%
	20座以上	481	1.30%	459	1.24%	454	1.23%
党政机关、事业团体非营业客车	6座以下	298	0.99%	281	0.94%	281	0.93%
	6~10座	358	0.94%	341	0.90%	337	0.89%
	10~20座	358	0.99%	341	0.94%	337	0.93%
	20座以下	373	0.99%	355	0.94%	352	0.93%
非营业货车	2吨以下	264	1.02%	252	0.97%	249	0.96%
	2~5吨	341	1.31%	325	1.25%	321	1.24%
	5~10吨	373	1.43%	355	1.36%	351	1.35%
	10吨以上	246	1.74%	234	1.66%	232	1.64%
	低速载货汽车	225	0.86%	214	0.82%	212	0.81%

例如：某7座企业非营业客车投保车损险，车龄为1年，保险金额为18万元。在费率表上查得对应的基础保费为440元，费率为1.15%，则该车辆的保费=440元+18万元×1.15%=2 510元。如果保险金额变为25万元，则该车辆的保费=440元+25万元×1.15%=3 315元。

6. 车上人员责任险

客车根据保险车辆的使用性质和被保险人单位性质、座位数查找客车适用费率；货车，根据使用性质查出货车费率；特种车、摩托车和拖拉机只有唯一的费率，如表7-5所示。

驾驶人保费=每次事故责任限额×费率

乘客保费=每次事故每人责任限额×费率×投保乘客座位数（按核定载客数-1）

例如：某5座家庭自用车投保车上人员责任险，驾驶人和乘客责任限额均为2万元，则查费率表驾驶人费率为0.42%，乘客费率为0.27%。

驾驶人保费=20 000元×0.42%=84元

乘客保费=20 000元×0.27%×4=216元

表7-5　客货车各险种适用费率表

家庭自用汽车与非营业用车		车上人员责任险		机动车盗抢险		玻璃单独破碎险	
		驾驶员	乘客	基础保费（元）	费率	国产玻璃	进口玻璃
家庭自用汽车	6座以下	0.42%	0.27%	120	0.49%	0.19%	0.31%
	6~10座	0.40%	0.26%	140	0.44%	0.19%	0.30%
	10座以上	0.40%	0.26%	140	0.44%	0.22%	0.36%
企业非营业汽车	6座以下	0.42%	0.26%	120	0.45%	0.13%	0.24%
	6~10座	0.39%	0.23%	130	0.46%	0.13%	0.24%
	10~20座	0.40%	0.24%	130	0.45%	0.15%	0.28%
	20座以上	0.42%	0.26%	140	0.39%	0.16%	0.29%
党政机关、事业团体非营业客车	6座以下	0.40%	0.25%	110	0.42%	0.13%	0.24%
	6~10座	0.37%	0.22%	120	0.43%	0.13%	0.24%
	10~20座	0.38%	0.23%	120	0.43%	0.15%	0.28%
	20座以下	0.39%	0.24%	130	0.36%	0.16%	0.29%
非营业货车	2吨以下	0.47%	0.29%	130	0.50%	0.11%	0.16%
	2~5吨	0.47%	0.29%	130	0.50%	0.11%	0.16%
	5~10吨	0.47%	0.29%	130	0.50%	0.11%	0.16%
	10吨以上	0.47%	0.29%	130	0.50%	0.11%	0.16%
	低速载货汽车	0.47%	0.29%	130	0.50%	0.11%	0.16%

7. 盗抢险

　　保费=基本保费+保险金额×费率

8. 玻璃单独破碎险

　　保费=新车购置价×费率

9. 其他附加险保费计算公式详见费率说明

　　例如：某5座党政机关用车，车龄为3年，新车购置价为25万元，按新车购置价确定车损险保险金额，三者险投保10万元，投保车上人员责任险，驾驶人责任限额为3万元，乘客责任限额2万元，计算该车标准保费。

　　　　车损险=281元+250 000元×0.93%=2 606元

　　　　三者险=913元

　　　　驾驶人险=30 000元×0.40%=120元

　　　　乘客险=20 000元×0.25%×4=200元

　　　　标准保费合计=2 606+913+120+200=3 839元

10. 费率调整系数表

用于对标准保费进行风险修正或费率浮动，如表7-6所示。

①费率调整系数采用系数连乘的方式：

　　费率调整系数=系数1×系数2×系数3×……

②使用费率调整系数后，各险别的费率优惠幅度最大不得超过30%。

③费率调整系数表不适用于摩托车和拖拉机。

　　例如：某车标准保费为3 000元，满足"同时投保车损险、三者险"系数（0.95），"续保"系数（0.90），则该车实交保费=3 000元×0.95×0.90=2 565元。

表7-6　标准保险费费率浮动表

序号	项　目	内　容	系　数	适用范围
1	无赔款优待及 上年赔款记录	连续3年没有发生赔款	0.7	所有车辆
		连续2年没有发生赔款	0.8	
		上年没有发生赔款	0.9	
		新保或上年赔款次数在3次以下	1.0	
		上年发生3次赔款	1.1	
		上年发生4次赔款	1.2	
		上年发生5次及以上赔偿	1.3	
2	多险种同时投保	同时投保车损险、三者险	0.95~1.00	
3	客户忠诚度	首年投保	1.00	
		续保	0.90	
4	平均年行程里程	平均年行程里程<30 000 km	0.90	
		平均年行程里程≥50 000 km	1.1~1.3	
5	安全驾驶	上一保险年度无交通违法记录	0.90	

续表

序号	项 目	内 容	系 数	适用范围
6	约定行驶区域	省内	0.95	所有车辆
		固定路线	0.92	不适用于家庭自用车
7	承保数量	承保数量<5台	1.00	不适用于家庭自用车
		5台≤承保数量<20台	0.95	
		20台≤承保数量<50台	0.90	
		承保数量≥50台	0.80	
8	指定驾驶人	指定驾驶人	0.90	仅适用于家庭自用车
9	性别	男	1.00	
		女	0.95	
10	驾龄	驾龄<1年	1.05	
		1年≤驾龄<3年	1.02	
		驾龄≥3年	1.00	
11	年龄	年龄<25岁	1.05	
		25岁≤年龄<30岁	1.00	
		30岁≤年龄<40岁	0.95	
		40岁≤年龄<60岁	1.00	
		年龄≥60岁	1.05	

三、交强险和商业三者险的区别

1. 设立依据和目的不同

交强险的设立依据是《中华人民共和国道路交通安全法》第17条，目的在于有效、快捷地弥补受害人的损害。商业三者险的设立依据是《中华人民共和国保险法》第65条，功能在于分散被保险人事故风险，由所有参与保险的人承担，保护被保险人（图7-3）。

2. 性质不同

交强险执行社会管理职能，不以营利

保险公司吗？
我的车被撞了！

图7-3 汽车保险

为目的，实行"不盈不亏"原则，具有社会保险性质，由国家强制投保。商业三者险以营利为目的，是纯粹商业保险，由客户自愿选择投保。

3. 赔偿责任不同

交强险比商业三者险责任范围更宽，实行无过错责任制，无论被保险人是否有过错，受害人均可请求保险赔偿给付，除外责任极少，只规定了"道路交通事故的损失是由受害人故意造成的，保险公司不赔"；商业三者险实行过错责任制，为减少道德风险往往规定了详细的除外责任条款，如被保险人的故意行为、酒后开车、无证驾驶等。

4. 责任限额不同

交强险是对受害人的基本保障，责任限额较低，分为死亡伤残、医疗费用、财产损失和无责任限额，有利于结合风险特点进行有针对性的保障。商业三者险责任限额较高，分为若干个档次，由投保人选择，限额不分项，可以满足被保险人较高的责任限额要求。

5. 费率确定方式不同

交强险实行统一的保险条款和基础费率。商业三者险费率由保险公司或行业协会自行制定。

6. 赔偿顺序不同

交强险先行赔偿，商业三者险后行赔偿。

四、车险投保流程及所需资料

1. 报价

提供报价所需资料——行驶证和上年度保单复印件（交强险和商业险），如客户不能提供以上资料，则需提供准确的车辆信息和投保险别、保额等。

图7-4 投保流程

2. 投保

提供投保所需资料：投保单（签名/盖章）；行驶证复印件；身份证/机构代码证复印件；上年度保单复印件（交强险或商业险）；验车照片（脱保、加保需验车）。

3. 缴费方式

缴费方式有现金、刷卡（POS机）、支票、转账。保费在起保前到账，保单才能如期生效。建议刷卡方式提前两个工作日，支票/转账方式提前5个工作日投保，以免造成脱保。

4. 领取保单和发票

一般3个工作日后可领取保单和发票。

> **做一做**
>
> 组队到4S店参观，看看真实的汽车保险投保样本。

任务检测

一、填空题

1. 交强险和商业三者的区别有_____、_____、_____、_____、_____、_____。

2. 缴费方式有＿＿＿＿＿、＿＿＿＿＿、＿＿＿＿＿、＿＿＿＿＿。

3. 投保所需资料有＿＿＿＿＿、＿＿＿＿＿、＿＿＿＿＿、＿＿＿＿＿、＿＿＿＿＿。

二、选择题

1. 车上人员责任险不包括（　　）。

    A. 违法违章搭乘   B. 疾病身亡   C. 车祸身亡   D. 分娩身亡

2. 交强险使用对象是（　　）。

    A. 摩托车   B. 三轮车   C. 挂车   D. 机动车

3. 车险包括（　　）。

    A. 意外伤害险   B. 交通事故险   C. 强制保险   D. 免责任险

三、简答题

1. 交强险最终保险费计算方法是怎样的？

2. 汽车保险的基本概念是什么？

3. 简述商业险的特点。

评价与反思

评价表

序号	考核项目	考核内容	配分	评分标准	得分
1	汽车保险的基本概念	（1）交强险的概念 （2）商业车险的概念 （3）商业险的构成	5	能掌握交强险的概念	
			5	能掌握商业车险的概念	
			10	能叙述商业险的构成	
2	交强险的简介	（1）交强险的保险责任 （2）责任免除的情况 （3）交强险费率浮动	20	能描述交强险的保险责任	
			20	能描述交强险责任免除的情况	
3	车险投保流程及所需资料	（1）掌握车险投保流程 （2）准备资料	30	能掌握车险投保流程	
			10	能正确准备投保所需资料	

反思

1. 车险客户理赔程序。

2. 车险理赔客户注意事项。

3. 汽车保险理赔工作的业务流程。

项目八 汽车电子商务

随着经济的高速发展，汽车业面对的主要问题已经不是汽车生产，而是汽车商贸。不善于销售，汽车业就不能持久发展。汽车销售服务网络是汽车销售企业成功地打入市场、扩大销售、实现企业经营目标的重要手段。现在汽车行业的竞争已经进入以客户为中心的时代，如何接近客户、抓住客户、服务客户是一个关键问题。销售网络恰恰能覆盖市场、接近终端客户，便于展开车辆销售和客户服务。电子商务这一新兴应用技术的出现，使数据处理和信息传递突破了时间和地域的限制，不仅提高了服务质量和效率，也大大降低了经营成本。因此，电子商务的应用是我们实现汽车销售服务现代化经营管理的强大推动力。

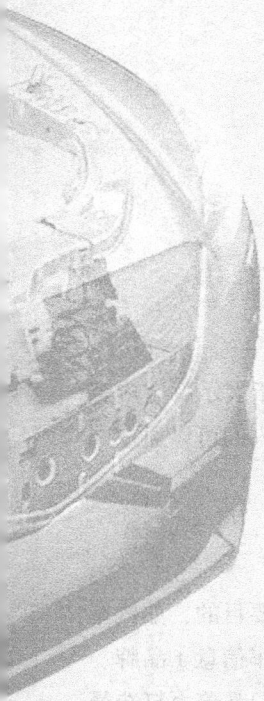

任务一 体验汽车电子商务

任务描述

国内汽车电子商务活动蒸蒸日上，已有许多熟悉的公司和平台，如瓜子二手车、人人车、汽车之家、天猫汽车等，很多人已经开始在这些平台上购车，或者了解汽车的相关资讯。通过学习本任务，我们可以进行一些汽车电子商务的体验之旅。

关键点：瓜子二手车、人人车、汽车之家、天猫汽车。

任务目标

完成本任务的学习后，你应能：

★ 了解汽车相关网站的类型和区别；

★ 知道汽车网上销售的基本流程。

建议课时：1课时。

任务实施

一、汽车类网站类型

网站是指在互联网上，根据一定的规则，使用HTML等工具制作的用于展示特定内容的相关网页的集合。简单地说，网站是一种通信工具，就像布告栏一样，人们可以通过网站来发布自己想要公开的资讯或服务，或者获取自己需要的资讯或服务。

根据网站的用途，可以将汽车类网站分为以下几类：

1.汽车资讯门户类网站

这类网站是目前最普遍的网站形式之一，以提供全面的汽车资讯为主要目的，如汽车之家（图8-1）、汽车大全等网站。这类网站的主要功能包括行业资源、汽车信息（品牌、车型、照片、价格、性能参数、评测等）、经销商信息、交流中心等，它们都着力打造最全面、准确、专业的汽车专业信息，面向最广泛的群体。

这类网站开发的技术含量主要涉及以下3个因素：

①承载的信息类型。例如是否承载多媒体信息，是否承载结构化信息等。

②信息发布的方式和流程。

③信息量的数量级。

2.汽车企业品牌类网站

汽车企业品牌类网站建设要求展示企业综合实力，体现企业CIS（企业形象识别系统）和品牌理念。

图8-1　汽车之家网站主页

汽车企业品牌类网站可细分为3类：

①企业形象网站：塑造企业形象，传播企业文化，推介企业业务，报道企业活动，展示企业实力。

②品牌形象网站：当企业拥有众多品牌，且不同品牌之间市场定位和营销策略各不相同时，企业可根据不同品牌建立其品牌网站，以针对不同的消费群体。

③产品形象网站：针对某一产品的网站，重点在于产品的体验。例如，汽车厂商每上市一款新车就建立一个新车的形象网站（图8-2和图8-3）。

图8-2　新车上市网站链接

图8-3　新车上市网站主页

141

3.汽车交易类网站

这类网站以实现交易为目的，以订单为中心，如天猫汽车、人人车、瓜子二手车、苏宁汽车等网站。

交易的双方可以是企业与企业（B2B）、企业与消费者（B2C）、消费者与消费者（C2C）。

这类网站需要满足3项功能：商品如何展示、订单如何生成、订单如何执行。

这类网站一般需要有产品管理、订购管理、订单管理、产品推荐、支付管理、收费管理、发货管理、会员管理等基本系统功能。如果希望功能更全面，可能还需要积分管理系统、VIP管理系统、CRM系统、MIS系统、ERP系统、商品销售分析系统等。交易类网站成功与否的关键在于业务模型的优劣。企业为配合自己的营销计划搭建的电子商务平台，也属于这类网站。

二、网络购车体验

1. "天猫"购车

随着汽车市场持续火热以及越来越趋于成熟，在普通大众对于汽车的关注上，汽车的品牌效应已经胜过了对于汽车本身质量的关注，所以也就有更多的人选择利用网络来进行购车。那么作为国内网络购物行业的老大，阿里巴巴旗下的天猫商城也很早就试水了汽车销售，而且现如今已经专门成立了"阿里汽车"事业部，下面就以天猫购车为例进行分析。

图8-4　天猫汽车网站首页

在天猫购物网站的首页，如图8-4所示，有一个专用的汽车板块，单击之后所有关于汽车方面的内容都可以找到，而且分为了汽车整车、坐垫脚垫、机油轮胎、电子导航、车载电器、维修保养、美容清洗、汽车装饰、安全自驾、外饰改装、汽车服务等品类。

我们以购买汽车整车为例，因为汽车涉及的金额比较大，所以目前基本上还是以网上预付定金，在实体店交纳车款并提车为主，我们以购买"奇瑞汽车艾瑞泽5 SPORT"为例，如图8-5所示。

图8-5　奇瑞汽车官方旗舰店首页

购买界面与普通商品类似，有产品的图片以及价格等若干选项。其中有一项必须选择，即选择提车门店，如图8-6所示。

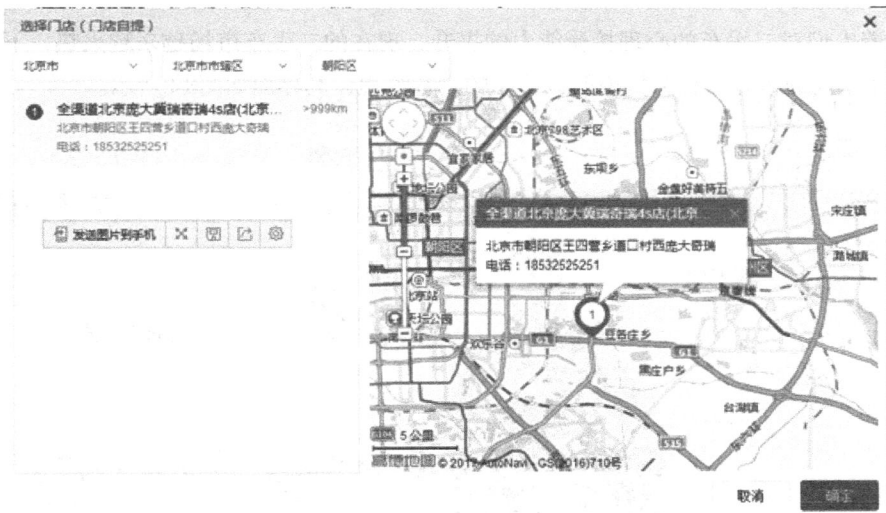

图8-6　选择提车门店页面

在这个界面中可以选择客户认为最方便的经销商门店，方便客户提车。

同时与其余的商品类似，在商品界面上还有对这款车型的详细介绍，便于消费者了解。

图8-7所示是购车流程，分别是拍下订金、备注车主信息、付款收到短信验证码、携带身份证到店看车、与4S店预约购车、核销电子码支付尾款、完成购车天猫好评。

通过看评论区里已购车顾客的评价，发现有不少顾客很喜欢这种购车的方式，这为他们省去了很多烦琐的手续，尤其是让他们获得了一个更透明的价格，同时也真正得到了实

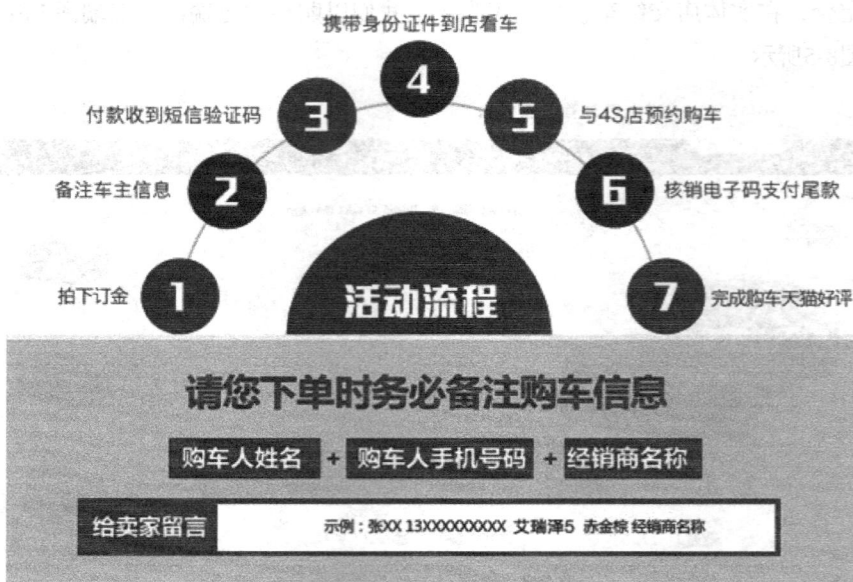

图8-7　天猫汽车购车流程

惠，销量显示这款车月销量为1 153辆，说明现在用网络购车的人也已经不在少数。

2. 瓜子二手车

随着人们对二手车的心理接受能力的提升，现在的二手车市场越来越火热，下面就以瓜子二手车网的销售过程为例说明二手车的购车流程，其界面如图8-8所示。

图8-8　瓜子二手车官网首页

在选择二手车的时候，客户可以通过品牌、价格、车型这3个维度去进行筛选。

以购买一辆"福特翼搏2013款1.5L自动风尚型"为例，如图8-9所示。

在页面左边，客户可以查看这辆车各个角度的照片，一共有30张，客户可从外观上了解这辆二手车；在页面右边有车辆的报价、上牌时间、行驶里程数等信息。

同时客户还可以查看这辆车完整的检测报告，如图8-10所示。

图8-9 二手车购车页面

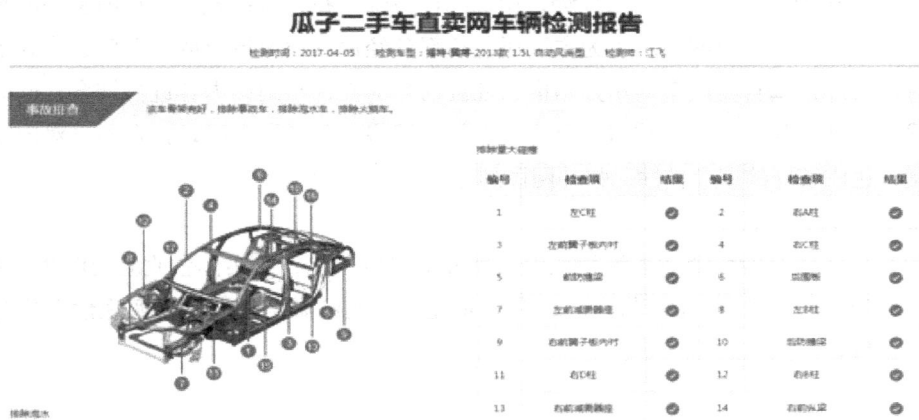

图8-10 瓜子二手车检测报告

图8-11所示是交易的流程，包括拨打看车电话或者在线预约登记、由购车顾问陪同您上门看车、看车满意后签署协议并支付定金、过户和交付全款后开车回家。

图8-11 瓜子二手车交易流程

二手车市场的发展未来还有很大空间，如何让顾客更放心和省心应当是发展的目标。

随着网络的普及，人们能够通过网络做越来越多的事情，包括完成汽车的直接销售。网络的便利性和信息更新的即时性是它的优点，但是对于很多对网络信息辨别能力不强的人来说，网络也容易造成一些不必要的损失。随着法律法规的不断健全和产品软件的不断优化，我们有理由相信方便会越来越多，麻烦会越来越少。

任务拓展

国内汽车电子商务应用模式

1. 完全虚拟型电子商务

这种模式的电子商务运营完全依托于网站，像谷歌、百度、淘宝、阿里巴巴、新浪、搜狐、网易、腾讯等属于这个阵营，他们完全依靠网站为浏览者提供价值或者服务。这种企业所提供的服务90%以上都以文字、图片、声音、视频的形式展现给消费者。

门户网站的汽车频道以内容为王，打造内容服务综合平台：门户网站的汽车频道的营收方式主要以品牌网络广告为主，广告投放以首页为核心载体，汽车频道主要为支撑作用，广告销售以打包方式为主。同时，门户网站的汽车频道在优势资讯的基础上，开始注重网站互动性建设，满足车友、车主、车迷等普通消费者选车、买车、用车、玩车等方面的实用性和服务性需求。

垂直汽车网站基于社区互动优势，用户黏性占优：在营销模式上，目前主要的垂直汽车媒体营收依然以品牌网络广告为主，还包括部分经销商的渠道分成。在广告形式上，除了品牌广告外，垂直类汽车网站开始借助社区的互动性，与网站内容进行结合；同时开展一些线下活动，与车友会、4S店等合作，以促进销售。垂直汽车网站正在通过对内容的深度挖掘，达成较好的用户黏性，弥补网民到达率不高的缺陷。

2. 事业型电子商务

它是指实体企业传统业务流程从内部到外部的电子化，如实体企业应用B2B网站寻找业务，利用B2C、C2C网站销售产品，利用企业自有网站做网络营销，实现信息化等都属于这个类型。

任务检测

一、填空题

1. _____是指在互联网上，根据一定的规则，使用HTML等工具制作的用于_____的相关网页的集合。

2. 企业品牌类网站可细分为_____、_____、_____3类。

3. 天猫汽车购车流程，分别是_____、_____、_____、_____，与4S店预约购车、核销电子码支付尾款、完成购车天猫好评。

二、选择题

1. B2C网站是指（　　）。
   A. 商家—商家　　　　　　　　　B. Business to Consumer
   C. 消费者—消费者　　　　　　　D. Consumer to Business

2. 交易类网站需要满足的3项功能，不包括（　　）。
   A. 订单如何执行　　　　　　　　B. 商品如何展示

C. 订单如何生成　　　　　　　　　D. 评价如何进行

3. 瓜子二手车交易流程包括（　　）。

　A. 拨打看车电话或者在线预约登记　　B. 由购车顾问陪同您上门看车

　C. 看车满意后签署协议并支付定金　　D. 过户和交付全款后开车回家

　E. 以上都是

三、简答题

1. 汽车类网站都有哪些类型？

2. 天猫汽车和瓜子二手车的网站交易流程分别是什么？

评价与反思

评价表

序号	考核项目	考核内容	配分	评分标准	得分
1	汽车电子商务的含义和发展前景	（1）汽车电子商务的含义 （2）汽车电子商务的发展前景	20	能叙述汽车电子商务的含义	
			20	能叙述汽车电子商务的发展前景	
2	汽车电子商务的概念和特点	（1）汽车电子商务的概念 （2）汽车电子商务的特点	20	能叙述汽车电子商务的概念	
			20	能表述汽车电子商务的特点	
3	网络营销的模式	汽车电子商务网络营销的模式	20	能说出两种汽车电子商务网络营销的模式	

反思

1. 汽车电子商务都涉及哪些技术？

2. 思考汽车电子商务的发展前景。

任务二　熟悉汽车电子商务流程

任务描述

　　本任务主要讲述汽车销售的电子商务模式和汽车销售的电子商务流程，学习本任务后，对汽车销售的电子商务有一个新的认识，与现今社会上的汽车营销接轨，熟练掌握汽车销售电子商务的流程。

关键点：汽车销售的电子商务模式、汽车销售的电子商务流程。

任务目标

完成本任务的学习后，你应能：

★ 了解汽车销售的电子商务模式。

★ 熟悉汽车销售的电子商务流程。

建议课时：2课时。

任务实施

一、汽车销售的电子商务模式

与整个中国经济一样，汽车工业尤其汽车市场销售，在21世纪，面对WTO也存在着跟上和追赶世界先进水平的问题。既然信息社会我们可以用网络来进行买卖，促成交易，那么网络也随即成为了销售的一种载体，或者说一种方式。网络销售是一种基于互联网的通过对市场的循环销售传播，达到满足消费者需求和商家诉求的过程。

网络销售已经成为不可回避的商业命题，它不仅仅是一种新的技术或手段，更是一种影响企业未来生存及长远目标的选择。网络销售是以互联网为销售环境，传递销售信息，沟通与消费者需求的信息化销售过程。目前，网上汽车销售的电子商务模式应用较多的有如下两种：

1. B2B模式

B2B是Business to Business的缩写，是指企业与企业之间通过专用网络或Internet，进行数据信息的交换、传递，开展交易活动的商业模式。

传统的企业间交易往往要耗费企业的大量资源和时间，无论是销售，分销，还是采购都要占用较多的产品成本。通过B2B的交易方式买卖双方能够在网上完成整个业务流程，从建立最初印象，到货比三家，再到讨价还价、签单和交货，最后到客户服务。B2B使企业之间的交易减少许多事务性的工作流程和管理费用，降低了企业经营成本。网络的便利及延伸性使企业扩大了活动范围，使得跨地区和国界的发展更方便，成本更低廉。

目前企业采用的B2B可以分为以下两种模式：

①面向制造业或商业的垂直B2B。垂直B2B可以分为两个方向，即上游和下游。生产商或商业零售商可以与上游的供应商之间形成供货关系，如Dell电脑公司与上游的芯片和主板制造商就是通过这种方式进行合作。生产商与下游的经销商可以形成销货关系，如Cisco与其分销商之间进行的交易。

②面向中间交易市场的B2B。这种交易模式是水平B2B，它是将各个行业中相近的交易过程集中到一个场所，为企业的采购方和供应方提供一个交易的机会，如阿里巴巴、环球资源网等。B2B只是企业实现电子商务的一个开始，它的应用将会得到不断发展和完善，并适应所有行业的企业需求。

目前企业要实现完善的B2B需要许多系统共同支持，如制造企业需要有财务系统、企业资源计划ERP系统、供应链管理SCM系统、客户关系管理CRM系统等，并且这些系统能有机地整合在一起实现信息共享、业务流程的完全自动化。

汽车行业B2B的电子商务模式主要用于改善汽车生产商和零部件供应商的关系，通过集成供应链的上游企业，达到降低采购成本和提高效率的目的。

2. B2C模式

B2C是Business to Customer的缩写，而其中文简称为"商对客"。

企业对消费者的模式基本上等同于电子零售商业，由于受消费者观念和能力以及汽车本身产品特征的影响，这一模式不是现在汽车电子商务的主流。但由于其营销方式的特殊性，它在汽车销售方面仍有一定的优势，如它能扩大产品的销售范围、地加强和终端客户的联系、满足消费者个性化消费的需求。

B2C电子商务的付款方式是货到付款与网上支付相结合，而大多数企业的配送选择物流外包方式以节约运营成本。随着用户消费习惯的改变以及优秀企业示范效应的促进，网上购物的用户不断增长。

客户需求：提供电子目录，帮助用户搜索、发现需要的商品；进行同类产品比较，帮助用户进行购买决策；对商品进行评价；有自己的购物车；为购买产品下订单；撤销和修改订单；能够通过网络付款；对订单的状态进行跟踪。

销售商的需求：检查客户的注册信息；处理客户订单；完成客户选购产品的结算，处理客户付款；能够进行电子拍卖；能够进行商品信息发布；能够发布和管理网络广告；能够进行商品库存管理；能够跟踪产品销售情况；能够和物流配送系统建立接口；与银行之间建立接口；实现客户关系管理；售后服务。

二、汽车销售的电子商务基本流程

汽车销售的电子商务基本流程如下：

①信息的收集。通过网络收集汽车销售相关的商业信息。

②信息发布及客户支持服务。企业上网是这一环节的关键。企业通过网络及时发布产品信息，有利于消费者对产品的了解和认可，拉近企业和消费者之间的距离。

③宣传和推广。树立起公司良好的商业形象是电子交易的基础。

④签订合同。

⑤在线交易。其中，最重要的是电子银行的参与，怎样进行流通和转换是网络销售的关键。

⑥商品运输与售后服务。完善的物流配送系统是保证网络销售得以实现的关键。通过网络，特别是通过基于网络的CRM系统及时了解顾客用车情况，并提供迅速、及时、周到的售后服务，这是汽车销售电子商务的又一重要内容。

下面介绍两种汽车销售的电子商务流程：

1.直销流程

①消费者进入Internet，查看汽车企业和经销商的网页，在这样的网页上，消费者通过购物对话框填写购货信息，包括个人信息，所购汽车的款式、颜色、数量、规格、价格等。

②消费者选择支付方式，如信用卡、电子货币、电子支票、借记卡等，或者办理有关贷款服务。

③汽车生产企业或经销商的客户服务器检查支付方服务器，确认汇款额是否认可。

④汽车生产企业或经销商的客户服务器确认消费者付款后，通知销售部门送货上门。

⑤网络结算机构完成对汽车生产商的支付，并发给消费者收费清单。

图8-12为直销流程图。

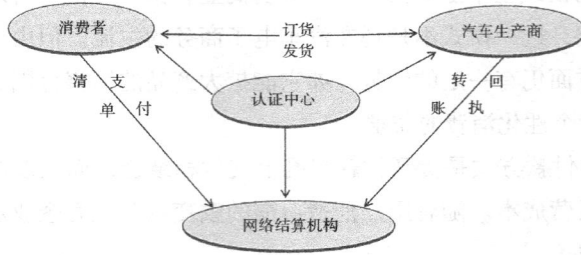

图8-12　直销流程图

2.中介交易流程

假设有这样一个网络汽车交易中心，以Internet为基础，利用先进的通信技术和计算机软件技术，将汽车生产商、经销商甚至零部件生产商和银行紧密地联系起来，为客户提供市场信息、商品交易、仓储配送、贷款结算等全方位服务。

①买卖双方将各自的供应和需求信息通过网络告诉网络汽车交易中心，交易中心通过信息发布服务向参与者提供大量详细的汽车交易数据和市场信息。

②买卖双方根据网络汽车交易中心提供的信息，选择自己的贸易伙伴。交易中心从中撮合，促成买卖双方签订合同。

③交易中心在各地的配送部门将汽车送交买方。

中介交易流程如图8-13所示。

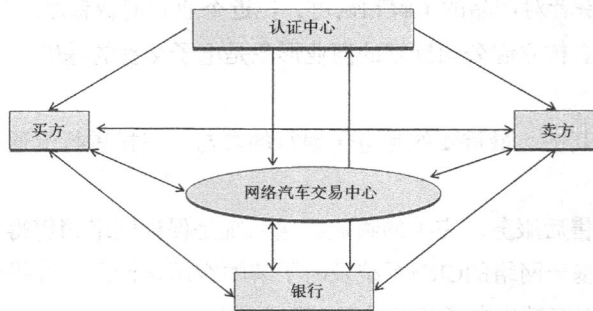

图8-13　中介交易流程图

任务拓展

1. CRM

CRM即客户关系管理，是指企业用CRM技术来管理与客户之间的关系。在不同场合下，CRM可能是一个管理学术语，可能是一个软件系统。通常所说的CRM，是指用计算机自动完成分析销售、市场营销、客户服务以及应用等流程的软件系统。它的目标是通过提高客户的价值、满意度、赢利性和忠实度来缩减销售周期和销售成本，增加收入，寻找扩展业务所需的新的市场和渠道。CRM是选择和管理有价值客户及其关系的一种商业策略，CRM要求以客户为中心的企业文化来支持有效的市场营销、销售与服务流程。

2. CRM定义

不同的研究机构有着不同的表述。最早提出该概念的GartnerGroup认为：所谓的客户关系管理就是为企业提供全方位的管理视角；赋予企业更完善的客户交流能力，最大化客户的收益率。客户关系管理是企业活动面向长期的客户关系，以求提升企业成功的管理方式，其目的之一是要协助企业管理销售循环：新客户的招徕、保留旧客户、提供客户服务及进一步提升企业和客户的关系，并运用市场营销工具，提供创新的个性化客户商谈和服务。

任务检测

一、填空题

1. 汽车销售的电子商务模式应用较多的有＿＿＿＿和＿＿＿＿。

2. ＿＿＿＿＿＿是网络销售最基本的方式。

3. 交易中心为客户提供＿＿＿＿、＿＿＿＿、＿＿＿＿、＿＿＿＿等全方位服务。

二、多选题

1. 汽车电子商务中，消费者可以选择的支付方式有（　　）。

　　A. 信用卡　　　　B. 电子货币　　　　C. 电子支票　　　　D. 借记卡

2. 在电子商务直销流程中，买家可以通过网络选择所购汽车的（　　）。

　　A. 款式　　　　B. 颜色　　　　C. 规格　　　　D. 数量

三、简答题

1. 简述汽车销售电子商务的基本流程。

2. 简述中介交易流程。

评价与反思

评价表

序号	考核项目	考核内容	配分	评分标准	得分
1	汽车销售的电子商务模式	（1）B2B模式	30	能叙述B2B模式的内容	
		（2）B2C模式	20	能叙述B2C模式的内容	
2	汽车销售的电子商务流程	（1）基本流程	10	能模拟汽车销售的电子商务基本流程	
		（2）直销流程	20	能模拟汽车销售的直销流程	
		（3）中介交易流程	20	能模拟汽车销售的中介交易流程	

反思

1. 有关汽车销售的电子商务网站有哪些？
2. 汽车销售的电子商务还有哪些需要完善的地方？

任务三　汽车网络营销

任务描述

　　近年来，随着信息科技的发展，尤其是网络的普及，大大拓宽了人们获取信息的渠道，而网络几乎成为消费者了解汽车产品和品牌的主要渠道，消费者通过网络来了解车市行情、选择车型和商家等。汽车经销商开始大胆采取网络营销这一新的营销方式。网络营销能充分发挥企业与客户沟通便捷的优势，而且企业可以为客户提供个性化的服务，是一种新型的、互动的、更加人性化的营销模式。学习本任务之后，将对网络营销的模式及方法有简单的了解。

　　关键点：网络营销的概念、网络营销的意义、营销策划。

任务目标

完成本任务的学习后，你应能：

★ 叙述网络营销的营销概念。

★ 理解网络营销的意义。

★ 了解企业进行网络营销的流程。

建议课时：1课时。

任务实施

一、网络营销的营销概念

电子商务是利用电子技术和信息技术进行的各种商务活动的总和，网络营销属于电子商务的一部分。

网络营销是企业以现代营销理论为基础，利用电子技术和信息技术的功能，最大限度地满足客户需求，以达到开拓市场、增加盈利为目标的一种营销方式。它是营销的最新形式，是由互联网替代传统媒介，其实质是利用互联网对产品的售前、售中、售后各环节进行跟踪服务，它自始至终贯穿在企业经营的全过程，包括市场调查、客户分析、产品开发、销售策略、反馈信息等方面。简单地说，网络营销就是以互联网作为传播手段，通过对市场的循环营销传播，满足消费者需求和商家需求的过程。

网络营销的最大特点在于以消费者为主导。消费者将拥有比过去更大的选择自由，他们可根据自己的个性特点和需求在全球范围内寻找商品，不受地域和时间的限制。通过进入感兴趣的企业网站或虚拟商店，消费者可获取产品的更多相关信息，使购物更具个性。网络消费者的购买过程如图8-14所示。

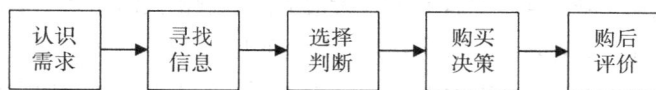

图8-14　网络消费者的购买过程

二、网络营销的意义

网上4S店作为一种具有革命性汽车网络营销意义的汽车网络营销整合平台，它通过模拟线下售车的全过程，让汽车购销双方在足不出户的条件下即可实现网上看车、选车、咨询、订单生成的全过程，突破了时间和空间的限制，轻松便捷地完成选车购车的全过程，同时还可享受各种线下4S店没有的特别优惠。可以说网上4S店将网络独具的3D展示和互动的功能发挥到了极致，在此汽车厂商的品牌展示需求和经销商的销售需求也通过网上4S店实现了有机的结合，以一体化推动终端销售。与传统的汽车4S店的"坐销"模式相比，网络营销的主动性和互动性将为汽车行业带来营销模式的全新变革，如图8-15所示。

网上4S店这种全新的以网络为依托的营销平台，是汽车网络营销广度与深度的完美结合。它在充分利用网络的交互性、广泛性等基础上，整合各方面的优势资源于一体，为汽车生产厂商、经销商和消费者之间搭起了一座最好的沟通桥梁，开启了电子化和数字化营销的新篇章。

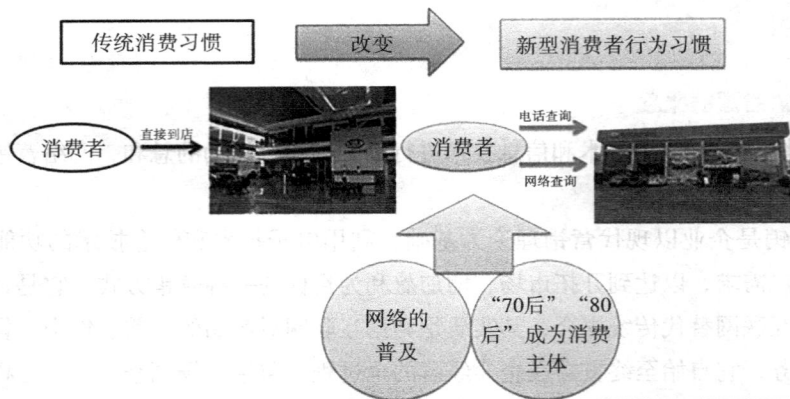

图8-15　消费习惯的对比

三、企业进行网络营销的流程

企业进行网络营销的流程包括：整体策划、建立网站和推广网站、制订营销策略、从事营销活动等。

1. 整体策划

网站策划必须从企业特点、产品结构、发展方向、营销策略出发，对网站规模、基本功能和运作方式进行系统规划，并首先要弄清楚以下几个问题：

①确定经营的具体目标。主要考虑的是：建立网站的主要目的是树立企业形象还是展示产品；是以销售为主还是以售后服务为主；是推销新产品还是经营老产品；是以品牌为主还是以一般产品为主；是以收集反馈为主还是以联络客户为主。当然，企业建立网站可能涉及以上各个方面，但必须有主次、轻重之分。

②明确主要目标受众。明确网站建成后主要是面向什么客户，客户属于哪些群体，客户的年龄分布、职业特征、消费能力、心理特征，需求倾向都要了解。

③预期网站特色。网站本身以什么为特色？是以内容为本，设计密集的栏目，还是要设计新潮？是追求登录速度快而少采用图片和动画，还是忽略登录速度注重视觉效果？

④网站的经营方式和经营目标。网站由企业经营还是委托专业服务商经营？是自己定期指导设定要求、目标，还是完全委托他人代劳？

2. 建立网站

建立企业网站通常分为这样几个步骤：申请域名、购置服务器等硬件设备或租用虚拟主机、设计制作网页等。

网站建成后，网站推广是必不可少的一项工作，可以让虚拟主机提供商协助进行网站的推广，也可以自己进行宣传。其目的就是让尽可能多的目标群体了解企业的网站。

3. 扩大网站的访问量

网络世界的网站数目多得不计其数，如何让网络使用者进入你的网站是一大学问，是网络营销的重点工作，具体方法有下列4种：

①提高企业知名度。最直接的做法就是营造公司的知名度，而且申请好记的网址，搭配传统的营销媒体来营销网址。例如：新浪、搜狐、网易等都是以日常生活中经常会出现

的名词为公司的名称和网址，这样的好处是当人们需要这家公司的信息时，不用再费一番心思去查，就可以直接输入网址，进入公司的网站。

②登录各大搜索引擎网站。对于大部分的网友来说，门户网站的搜索引擎仍是当大家想要寻找网络上某种信息时，首先考虑到的。因此，主动到这些搜索引擎登录公司查找网站资料，是一种经济有效的方法。此外，有些网站在提供登录的服务之外，还提供搜索排名服务，企业可以花钱提高在搜索网站中的搜索排名，这是一种非常有效的网络营销方法。

③通过广告链接交换。可以设计小型的网站识别图示，然后找"门当户对"的网站来作为合作伙伴，双方互换广告，这于无形中提升了网站的访问数量。

④除此之外，可以利用新兴的网络媒体链接网站，如现在大多数人都在使用的论坛、微博、QQ及微信公众号、朋友圈等，利用这些网络媒体对网站的链接进行编辑和转发，可以有效地扩大网站的知名度。

4. 营销策略规划

①处理好与传统营销的关系。对于已经拥有传统渠道的商家而言，开设网上商店应考虑对传统渠道的影响，并重新拟订整体市场行销策略。网上商店的设立可能引起下游经销商的疑虑，造成传统渠道与新渠道间互相排斥的现象。因此，开设网上商店时应审慎思考，在经营初期，不要孤注一掷，以避免投资的损失。

②设计好商品的销售及配送方案。网上商店通过各种形式展示商品，促成顾客购买，然后考虑使用最经济合理的配送方式，商品的配送应以便利与高效为原则。

③设定具体可行的营运目标。如果网上商店是开设的第一家店，而且是唯一的渠道，那么暂时不要将营运目标订得太高，因为根据统计，上网浏览的客户中，真正的购买者仅占10%以下。营运初期应以拓展渠道和增加知名度为目标。

④经营成本预估。建设网上商店都需要花费一定的成本。直接在互联网上架设自己独立的网上商店，需要申请专用的线路，配置主机、路由器，配备专业人才，一年至少要花费几十万元，普通企业难以承受。采用虚拟主机、服务外包的方式是中小企业最合适的方法，每年的花费可以控制在几万元以内，许多企业建立网上商店都采用这种方法。也可以考虑加入网络大型商场租赁专柜，费用还可以进一步降低。

任务拓展

汽车行业常用媒体平台的使用

可以通过以下几种平台进行网络营销的推广：论坛营销、微博营销、QQ群营销等。以论坛营销为例。

1.选择合适的论坛

①选择有自己潜在客户的论坛；

②选择人气旺的论坛，但人气太旺也有弊病，因为帖子很快就被其他帖子淹没了，再说人太多，登录也困难；

③选择有签名功能的论坛；

④选择有链接功能的论坛；

⑤选择有修改功能的论坛。

2.标题要有明确的信息，并具有吸引力

标题是吸引网民的一面旗帜，旗帜不够鲜艳，网友不点击，旗帜后面的风景再好也没有意义。好标题能激起网友的好奇心，提高帖子的浏览量。

3.内容要有争议性

内容没有争议性，人家都只是一看而过，很少有人会留下只言片语，所以内容要有争议性。当然这里的争议不是指引起争论的，产生不好的结果的争论，是指能够引起讨论和辩论的争议。如果是广告，广告中多出现折扣及优惠信息，或直接体现价格。

4.借助于他人的热帖

在论坛上寻找一些回帖率很高的帖子，再拿到其他论坛进行转帖，并在帖子末尾加上自己的签名进行宣传或加上自己的广告进行宣传。

5.长帖短发

将一帖分成多帖，以跟帖的形式发出，就像电视剧一样，分多次帖。但要记住不要超过7帖！并且可以每隔一段时间再发一帖，以让他人有等待的欲望。

6.发广告要巧妙

帖子发表时不要一开始就发广告，这样的帖子很容易被当作广告帖删除。可利用长帖短发的方式，在后面的跟帖里发广告，这样一般不会被删除。

7.用好头像和签名

头像可以专门设计一个，宣传自己的品牌；签名可以加入自己网站的介绍和链接。

8.发帖要求质量第一

发帖不在乎发帖的数量多少，发的地方多少，而是帖子的质量特别重要。为什么呢？因为发得多，但总体流量不多也没有意义，我们发帖，关键是为了让更多人看，所以追求的是最终流量。发高质量的帖子，可以花费较小的精力，获得较好的效果。另外，如果你的帖子质量好，很可能被别人转载。

9.利用回帖功能

如果要在回帖中发广告，一定要争取在前5位回帖，这样被浏览的概率要高一些。

任务检测

一、填空题

1. _____是利用电子技术和信息技术进行的各种商务活动的总和，_____属于电子商务的一部分。

2. 网络营销的最大特点在于以_____为主导。

3. 建立企业网站通常分为这样几个步骤：_____、_____、_____等。

二、选择题

1. 企业进行网络营销的流程不包括（　　）。

    A. 整体策划　　　　　　　　　　　B. 建立网站和推广网站

    C. 制订营销策略　　　　　　　　　D. 策划产品方案

2. 下列方法不能扩大网站访问量的是（　　）。

    A. 增加网站点击率　　　　　　　　B. 提高企业知名度

    C. 通过广告链接交换　　　　　　　D. 利用论坛、微博等

3. 关于营销策略规划，下列说法正确的是（　　）。

    A. 大力发展网络营销，无须考虑传统营销的竞争

    B. 现在社会物流发达，无须提前考虑，随便选择即可

    C. 设定具体可行的营运目标

    D. 经营成本无需提前作预估

三、简答题

1. 什么是网络营销？

2. 网站经营策划该如何着手，重点问题是什么？

评价与反思

评价表

序号	考核项目	考核内容	配分	评分标准	得分
1	网络营销基础	（1）网络营销的概念	20	能叙述网络营销的概念	
		（2）网络营销的意义	20	能叙述网络营销的意义	
2	网络营销的内容	网络营销的流程	30	能完成网络营销策略的规划	
			30	能通过多种方法完成网络营销	

反思

1. 现今的汽车网络营销模式有哪些优势与劣势？

2. 网络营销如何才能更好地发展？